本书由国家自然科学基金项目"爱恨交织,你愿意去旅游吗?——消费者敌意、善意和矛盾情感对消费者出国旅游决策的影响机制研究"(项目编号:71802005)、北京市社科基金青年项目"数字时代下北京城市品牌形象定位及传播研究"(项目编号:17GLC068)、北方工业大学毓优人才培养计划项目"面向冬奥会的北京城市品牌建设研究"(项目编号:20XN189/015)、北方工业大学青年拔尖人才培育计划"基于互联网的品牌创新研究"(项目编号:19XN135/014)、北京城市治理研究中心资助项目"新冠肺炎疫情与北京城市品牌管理研究"(项目编号:20XN245)、北方工业大学经管学院研究生培养-学科建设(项目编号:203051320006)资助出版。

爱恨交织

出国旅游决策心理

杨一翁 著

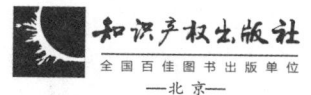

知识产权出版社
全国百佳图书出版单位
—北京—

图书在版编目（CIP）数据

爱恨交织：出国旅游决策心理/杨一翁著. —北京：知识产权出版社，2021.8
ISBN 978-7-5130-7589-3

Ⅰ.①爱… Ⅱ.①杨… Ⅲ.①旅游消费—消费者行为论—研究—中国 Ⅳ.①F592.6

中国版本图书馆 CIP 数据核字（2021）第 130645 号

内容简介

在消费者出国旅游决策中，消费者常常持有对特定国家目的地（country destination）的"爱恨交织"矛盾态度。本书分析了在消费者出国旅游决策中，消费者善意、消费者敌意、消费者矛盾态度、调节聚焦、模糊容忍度、情感耗损和正念等心理变量对消费者出国旅游决策的影响，对旅游管理者进一步吸引外国消费者来本国旅游具有参考价值。

责任编辑：江宜玲　　　　　　　　　责任校对：谷　洋
封面设计：回归线（北京）文化传媒有限公司　　责任印制：孙婷婷

爱恨交织：出国旅游决策心理

杨一翁　著

出版发行：知识产权出版社有限责任公司	网　　址：http://www.ipph.cn
社　　址：北京市海淀区气象路 50 号院	邮　　编：100081
责编电话：010-82000860 转 8339	责编邮箱：jiangyiling@cnipr.com
发行电话：010-82000860 转 8101/8102	发行传真：010-82000893/82005070/82000270
印　　刷：三河市国英印务有限公司	经　　销：各大网上书店、新华书店及相关专业书店
开　　本：720mm×1000mm　1/16	印　　张：8
版　　次：2021 年 8 月第 1 版	印　　次：2021 年 8 月第 1 次印刷
字　　数：136 千字	定　　价：48.00 元
ISBN 978-7-5130-7589-3	

出版权专有　侵权必究
如有印装质量问题，本社负责调换。

前　言

本书源于我主持的国家自然科学基金项目"爱恨交织，你愿意去旅游吗？——消费者敌意、善意和矛盾情感对消费者出国旅游决策的影响机制研究"（项目编号：71802005）。

在消费者出国旅游决策中，消费者常常持有对特定国家作为旅游目的地的矛盾态度，如中国消费者对日本、美国和韩国目的地往往"爱恨交织"。学者们发现消费者矛盾态度影响其购买决策。相比于消费者购买决策，出国旅游决策对消费者更重要，消费者的感知风险更高，因此消费者矛盾态度对消费者出国旅游决策可能有不一样的影响机制，然而还未发现其他学者研究消费者矛盾态度对其出国旅游决策的影响，这是本书的主要贡献。

具体而言，本书有如下主要内容。根据毛泽东的矛盾论与西方学者提出的矛盾态度理论，积极态度与消极态度不是同一个构念的两个极端，而是两个不同的构念，两者并非此消彼长；从长期来看，两者中有一方对消费者决策起主导作用。基于此，本书首先研究消费者的长期稳定性善意与敌意对消费者赴目标国旅游意向的影响机制，分析两者对旅游意向的共同影响；探索目的地形象与感知风险在消费者善意/敌意对旅游意向的影响关系中所起的中介作用；研究调节聚焦与文化接近性对消费者善意/敌意与旅游意向之间关系的调节作用。

矛盾论与矛盾态度理论还认为，在某些特定情形下，消极态度与积极态度可能势均力敌，如果两者同时达到较强烈程度，那么消费者可能形成矛盾态度。基于此，在一些特定情境下，消费者善意与敌意可能同时达到较高水平且旗鼓相当，此时消费者会形成对特定国家目的地（country destination）的矛盾态度。本书探讨了这种矛盾态度的形成机理与缓解机制，分析了模糊容忍度与正念对这种矛盾态度形成的调节作用；探索了情感耗损对消费者矛盾态度对旅游意向的影响关系的中介作用；研究了不同思维模式、不同调节聚焦的消费者在其出国旅游决策中使用的不同矛盾态度缓解策略，同时也探究了各种矛盾态度缓解策略对最终出国旅游决策的影响。

  本书将众多来自心理学的理论（如矛盾态度理论、调节聚焦理论、辩证与逻辑思维理论）以及源于心理学等其他学科的构念（如消费者矛盾态度、情感耗损和正念）等引入旅游特别是出国旅游领域，研究了消费者出国旅游决策中的众多心理现象，扩展了这些经典理论与构念的应用，丰富了消费者善意、敌意和旅游等的理论研究，同时也进一步发展了矛盾态度理论。本书基于研究结论提出了操作性较强的管理决策建议，对旅游管理者适当引导出国旅游中的消费者心理，促使更多的外国消费者来本国旅游有借鉴价值。

  我希望本书抛砖引玉，希望未来有更多、更好的关于出国旅游决策心理方面的研究。

杨一翁

2021 年 3 月 19 日于北方工业大学励学楼

2021 年 4 月 12 日修订于北方工业大学励学楼

目 录

第一章 绪 论 (1)

第一节 研究背景 (1)
 一、现实背景 (1)
 二、理论背景 (3)
第二节 研究内容 (4)
第三节 研究意义 (5)
 一、理论意义 (5)
 二、现实意义 (6)

第二章 文献综述 (7)

第一节 消费者敌意 (7)
 一、消费者敌意的内涵 (7)
 二、消费者敌意的影响结果 (9)
第二节 消费者善意 (14)
 一、消费者善意的内涵 (14)
 二、消费者善意的影响结果 (15)
第三节 消费者敌意与消费者善意对消费者决策的共同影响 (17)
第四节 消费者矛盾态度 (19)
 一、消费者矛盾态度的内涵 (19)
 二、消费者矛盾态度的形成机理 (21)
 三、消费者矛盾态度的缓解机制 (25)

四、消费者矛盾态度的影响结果 …………………………………… (26)

　第五节　对现有文献的评价与本书的研究内容 ………………………… (29)

第三章　消费者善意与敌意对旅游意向的影响：调节聚焦的调节作用 …………………………………………………………… (31)

　第一节　理论基础与研究模型 …………………………………………… (31)

　　一、矛盾态度理论 …………………………………………………… (31)

　　二、矛盾论 …………………………………………………………… (32)

　　三、调节聚焦理论 …………………………………………………… (32)

　　四、消费者善意与敌意的引致因素 ………………………………… (33)

　第二节　研究方法 ………………………………………………………… (35)

　　一、问卷设计 ………………………………………………………… (35)

　　二、数据收集 ………………………………………………………… (36)

　　三、统计分析方法 …………………………………………………… (37)

　第三节　数据分析 ………………………………………………………… (37)

　　一、中国消费者赴日旅游决策数据分析 …………………………… (37)

　　二、中国消费者赴美旅游决策数据分析 …………………………… (39)

　　三、中国消费者赴韩旅游决策数据分析 …………………………… (40)

　第四节　研究结论 ………………………………………………………… (41)

第四章　消费者善意与敌意对旅游意向的影响：文化接近性的调节作用 …………………………………………………………… (43)

　第一节　理论基础与研究模型 …………………………………………… (43)

　第二节　研究方法 ………………………………………………………… (45)

　　一、问卷设计 ………………………………………………………… (45)

　　二、数据收集 ………………………………………………………… (45)

　　三、统计分析方法 …………………………………………………… (45)

　第三节　数据分析 ………………………………………………………… (46)

　　一、路径系数及其显著性检验 ……………………………………… (46)

　　二、文化接近性的调节效应检验 …………………………………… (47)

三、总效应检验 …………………………………………………… (49)

　　　四、解释力检验 …………………………………………………… (50)

　第四节　研究结论 ……………………………………………………… (50)

第五章　消费者善意与敌意对旅游意向的影响：目的地形象与感知风险的中介作用 …………………………………… (52)

　第一节　理论基础与研究模型 ………………………………………… (52)

　　　一、目的地形象 …………………………………………………… (52)

　　　二、感知风险 ……………………………………………………… (53)

　第二节　研究方法 ……………………………………………………… (54)

　　　一、研究对象 ……………………………………………………… (54)

　　　二、定性研究 ……………………………………………………… (55)

　　　三、定量研究 ……………………………………………………… (57)

　第三节　数据分析 ……………………………………………………… (59)

　　　一、测量模型（外模型）评估 …………………………………… (59)

　　　二、结构模型（内模型）评估 …………………………………… (60)

　第四节　研究结论 ……………………………………………………… (63)

第六章　消费者对特定国家目的地的矛盾态度的形成机理及其对旅游意向的影响机制 ………………………………… (66)

　第一节　理论基础与研究模型 ………………………………………… (66)

　　　一、矛盾态度理论与矛盾论 ……………………………………… (66)

　　　二、模糊容忍度 …………………………………………………… (67)

　　　三、情感耗损 ……………………………………………………… (67)

　第二节　消费者对特定国家目的地的矛盾态度的形成机理 ………… (69)

　　　一、研究方法 ……………………………………………………… (69)

　　　二、数据分析 ……………………………………………………… (72)

　第三节　消费者矛盾态度对旅游意向的影响机制 …………………… (74)

　　　一、研究方法 ……………………………………………………… (74)

　　　二、数据分析 ……………………………………………………… (75)

第四节　研究结论 …………………………………………………（79）

第七章　消费者对特定国家目的地的矛盾态度的形成机理与缓解机制 …………………………………………………………（82）

　第一节　理论基础与研究模型 ………………………………………（82）
　　一、正念 ………………………………………………………………（82）
　　二、认知失调理论 ……………………………………………………（83）
　　三、辩证与形式逻辑思维理论 ………………………………………（84）
　　四、调节聚焦理论 ……………………………………………………（85）
　第二节　正念对消费者矛盾态度形成及其引发的认知失调不适感
　　　　　的调节作用 …………………………………………………（86）
　　一、研究方法 …………………………………………………………（86）
　　二、数据分析 …………………………………………………………（87）
　第三节　消费者对特定国家目的地的矛盾态度的缓解机制 …………（90）
　　一、研究方法 …………………………………………………………（90）
　　二、数据分析 …………………………………………………………（93）
　第四节　研究结论 ……………………………………………………（95）

第八章　全书的结论 ………………………………………………（96）

　第一节　研究结论与理论贡献 ………………………………………（96）
　第二节　管理决策建议 ………………………………………………（99）
　第三节　未来研究展望 ………………………………………………（101）

参考文献 ……………………………………………………………（103）

后　记 ………………………………………………………………（115）

第一章 绪 论

第一节 研究背景

一、现实背景

2020年11月,中国旅游研究院发布了《中国出境旅游发展年度报告2020》。根据该报告,2019年中国的出境旅游市场仍然保持了增长态势,规模达到1.55亿人次。但受新冠肺炎疫情影响,中国出境旅游市场的增长速度放缓,2018年比2017年增长14.7%,但2019年比2018年仅增长3.3%。我国港澳台地区是最主要的目的地,其中澳门与香港分列最热门目的地的第一位和第二位。2019年,中国(内地)出国旅游目标国前十二位依次为:越南、泰国、日本、韩国、缅甸、美国、新加坡、马来西亚、俄罗斯、柬埔寨、菲律宾和澳大利亚。

2020年11月,中国旅游研究院也发布了《中国入境旅游发展报告2020》,但该报告重点分析了新冠肺炎疫情影响背景下旅游目的地形象的重塑问题,使用的是2020年上半年的数据,与正常情况相比变化较大。因此,本书同时参考中国旅游研究院在2019年发布的《中国入境旅游发展报告2019》。根据这两份报告,2019年中国接待入境游客1.45亿人次,比2018年增长2.9%。我国港澳台地区同样也是最主要的客源市场,其中香港与澳门分列最主要客源市场的前两位。2018年,中国入境旅游客源国前十四位依次为:缅甸、越南、韩国、日本、美国、俄罗斯、蒙古、马来西亚、菲律宾、新加坡、印度、加拿大、泰国、澳大利亚。

根据世界旅游组织（UNWTO）数据，2018年各国与地区出境旅游人次排名依次为：中国（1.497亿）、德国（1.085亿）、美国（0.926亿）、中国香港（0.922亿）、俄罗斯（0.420亿）、意大利（0.330亿）、法国（0.305亿）、韩国（0.287亿）、乌克兰（0.278亿）、印度（0.263亿）、加拿大（0.260亿）、荷兰（0.221亿）、罗马尼亚（0.210亿）、沙特阿拉伯（0.198亿）、墨西哥（0.197亿）、西班牙（0.190亿）和日本（0.190亿）等。❶

一些出境旅游大国的消费者对中国心怀敌意。据国际著名民调机构皮尤研究中心（Pew Research Center）在2019年12月发布的一份报告（Silver et al.，2019），受访者对中国持消极情感最强的国家依次为日本（85%）、瑞典（70%）、加拿大（67%）、韩国（63%）、法国（62%）、美国（60%）、荷兰（58%）、捷克（57%）、澳大利亚（57%）和意大利（57%）等。而据皮尤研究中心在2020年4月发布的另一份报告（Devlin et al.，2020），2006年仅有29%的美国受访者对中国持消极态度，近年来由于中美贸易战、新冠肺炎疫情等原因，对中国持消极态度的美国受访者持续增加，在2020年这一比例已大幅增加到66%，达到了自其开始调查美国民众对中国观感以来的最高水平。

据中国旅游研究院连续发布的《中国入境旅游发展报告2018》与《中国入境旅游发展报告2019》，2017年入境旅游人数为1.39亿人次，同比增长0.8%；2018年，中国接待入境游客1.41亿人次，同比增长1.2%；据国家统计局发布的《中华人民共和国2019年国民经济和社会发展统计公报》，2019年全国入境游客1.45亿人次，同比增长2.9%❷。可见，中国入境旅游市场增长较为缓慢。如何降低美国、日本和韩国等主要客源国的消费者对中国的敌意，以进一步吸引他们来华旅游？这成为一个重要问题。

从另一方面来看，据Liu等（2020）的研究，中国受访者持消极态度比例

---

❶ https：//www.unwto.org/country-profile-outbound-tourism.
❷ 国家统计局.中华人民共和国2019年国民经济和社会发展统计公报［R/OL］.（2020-02-28）［2021-08-09］.http：//www.stats.gov.cn/tjsj/zxfb/202002/t20200228_1728913.html.

最高的发达国家依次为：美国（77%）、日本（61%）、澳大利亚（47%）、加拿大（47%）、英国（46%）和韩国（41%）等。

据皮尤研究中心在2016年9月发布的报告，由于领土纠纷、第二次世界大战遗留问题等，中国与日本相互持有敌意，高达86%的日本受访者对中国持有消极态度，而同样高达81%的中国受访者对日本持有消极态度（Stokes，2016）。

综合分析以上数据，中国消费者最喜爱的旅游目的地包括日本、韩国和美国（分列第三位、第四位、第六位）；与此同时，中国消费者最憎恨的国家也包括美国、日本和韩国（分列第一位、第二位、第六位）——可见，中国消费者对日本、美国和韩国目的地"爱恨交织"。

另一方面，韩国、日本和美国消费者喜爱中国目的地（分列中国入境旅游客源国第三位、第四位、第五位）；与此同时，日本、韩国和美国消费者又对中国怀有消极情感（分列对中国持消极情感最强的国家的第一位、第四位、第六位）——可知，日本、美国和韩国消费者同样对中国目的地"爱恨交织"。

由以上可知，无论是中国消费者还是外国消费者，在其出国旅游决策中，常常对特定国家目的地"爱恨交织"，即：对特定国家怀有较强程度的敌意，但同时又对该国作为旅游目的地持有较高水平的善意，从而可能形成对该国家目的地的较强烈的"爱恨交织"矛盾态度。本书研究消费者善意、敌意和矛盾态度等心理变量与消费者出国旅游决策的影响关系。

二、理论背景

当前，学者们围绕消费者敌意、善意和矛盾态度主要进行了如下研究工作。消费者对特定国家的积极情感（爱）被称为消费者善意（Asseraf, Shoham, 2017）；消费者对特定国家的消极情感（恨）则被称为消费者敌意（Riefler, Diamantopoulos, 2007）。在关于消费者敌意的研究中，学者们主要研究了消费者敌意对消费者购买决策的影响。近几年，有学者开始关注消费者敌意对消费者出国旅游决策的影响（例如，Stepchenkova et al., 2020）。有关消费者善意的研究相对较少，学者们也重点探索了消费者善意对消费者购买决策的影响。只有少量文献研究了消费者善意对旅游意向的影响（例如，Oberecker，Diamantopoulos，2011）。最近，有个别文献检验了消费者善意与敌意对购买意向的共同影响（Aydın，Ünal，2020；Kock et al.，2019）。然而，还没有发现其他学者同时研究消费者善意与敌意对消费者出国旅游决策的共同影响。

基于矛盾态度理论，当个体对某个态度对象同时持有较强烈且旗鼓相当的积极与消极态度时，可能形成矛盾态度（Priester，Petty，1996；Thompson et al.，1995）。学者们着重探究了在消费者购买决策中，消费者对电商（Moody et al.，2014）、商品（潘晓波，2015）和国家（Russell et al.，2011）的矛盾态度的成因及其对行为意向的影响。有学者探索了在消费者旅游决策中消费者对冲突性在线酒店评论的矛盾态度的成因及其对酒店服务购买意向的影响（例如，Akhtar et al.，2020a）。不过，还未发现其他学者探讨在消费者出国旅游决策中，消费者对特定国家目的地的矛盾态度的形成机理及其对消费者出国旅游决策的影响机制。

根据认知失调理论（Festinger，1957），较强烈的矛盾态度导致消费者失调，产生心理上的不适（Elliot，Devine，1994），矛盾的消费者在决策中的主要动机是缓解失调、恢复协调（Cakici，Shukla，2017；Festinger，1957；黄敏学 等，2010）。少量文献探索了在消费者购买决策中，外在信息特征对消费者的矛盾态度缓解策略的影响（例如，Zemborain，Johar，2007），然则还没有学者研究在消费者出国旅游决策中，不同心理特征的矛盾消费者如何缓解其矛盾态度问题。

第二节 研究内容

针对现有文献研究的不足之处，本书主要进行以下三方面研究工作。

第一，基于矛盾态度理论（Kaplan，1972；Priester，Petty，1996），消费者善意与敌意可以共存。又根据毛泽东的矛盾论，无论什么矛盾，矛盾的诸方面，其发展是不平衡的。矛盾的两方面中，必有一方面是主要的，其他方面是次要的。其主要方面，即所谓矛盾起主导作用的方面。事物的性质，主要是由取得支配地位的矛盾的主要方面所规定（毛泽东，1937）。是以从长期来看，消费者稳定性善意与敌意（Jung et al.，2002）两者中必有一方对消费者出国旅游决策起主导作用，此时消费者不会产生对特定国家目的地的矛盾态度。基于此，本书将同时探究消费者善意与敌意对消费者出国旅游决策的共同影响机制，分析目的地形象与感知风险对消费者善意/敌意对旅游意向的影响关系的中介作用，探索调节聚焦与文化接近性对消费者善意/敌意与旅游意向之间关系的调节作用。

第二，毛泽东的矛盾论还论述到，矛盾的诸方面，在一些情形下，可能势均力敌（毛泽东，1937）。于是在某些情境下，消费者的情境性善意与敌意（Jung et al.，2002）可能都较强烈且程度大致相当。根据矛盾态度理论（Priester，Petty，1996；Thompson et al.，1995），此时消费者可能产生对特定国家目的地的较强烈的矛盾态度。有鉴于此，本书将研究消费者对特定国家目的地的矛盾态度的形成机理及其对消费者出国旅游决策的影响机制，分析模糊容忍度与正念在消费者矛盾态度形成过程中的调节作用，探究情感耗损对消费者矛盾态度对旅游意向的影响关系的中介作用。

第三，矛盾的消费者在其决策中的主要动机是缓解由矛盾态度引发的认知失调不适感（Cakici，Shukla，2017；Festinger，1957；黄敏学 等，2010）。不同思维方式的个体对矛盾的处理方式不一样（Pang et al.，2017；Peng，Nisbett，1999；Wang et al.，2016）；不同调节聚焦的个体对自己积极与消极态度的关注度存在差异（Higgins，1997；Higgins et al.，2001；张黎 等，2011）。基于此，本书将探索消费者的思维方式与调节聚焦对其矛盾态度缓解策略的交互作用，同时将研究在不同的矛盾态度缓解策略下消费者的最终出国旅游决策。

第三节 研究意义

一、理论意义

本书最主要的理论贡献在于将消费者矛盾态度这一构念引入消费者出国旅游决策研究领域，主要有如下研究意义。

第一，本书同时研究消费者善意、敌意对消费者出国旅游决策的共同影响机制，分析目的地形象与感知风险的中介作用，并探索调节聚焦与文化接近性的调节效应，将进一步丰富消费者善意、敌意、目的地形象和旅游等领域的理论研究。

第二，本书研究消费者对特定国家目的地的矛盾态度的形成机理及其对消费者出国旅游决策的影响机制，分析模糊容忍度与正念对消费者矛盾态度形成的调节作用，检验情感耗损对消费者矛盾态度与旅游意向之间关系的中介作用，探索思维方式与调节聚焦对消费者矛盾态度缓解策略的交互作用。基于此，本书将进一步发展矛盾态度理论，并扩展矛盾态度理论在旅游研究领域的应用。

第三，本书基于矛盾态度理论、矛盾论、调节聚焦理论、社会认同理论、认知失调理论、辩证与形式逻辑思维理论等理论构建并验证研究模型，将进一步丰富上述理论以及情感耗损、模糊容忍度和正念等心理构念在旅游研究领域的应用。

二、现实意义

本书对旅游管理者进一步吸引外国消费者来本国旅游有以下现实意义。

第一，有针对性地投入优势资源，以提高外国消费者对本国作为旅游目的地的善意，同时降低他们对本国的敌意；进一步加强消费者善意对消费者来本国旅游的积极效应，同时进一步减弱消费者敌意对消费者来本国旅游的消极作用。

第二，尽量阻碍外国消费者对本国形成矛盾态度，以降低消费者矛盾态度对其来本国旅游意向的消极影响。

第三，如果消费者矛盾态度已经形成，则有利于缓和矛盾态度，减弱其对消费者来本国旅游决策的负面影响。

第二章 文献综述

第一节 消费者敌意

一、消费者敌意的内涵

1. 消费者敌意的定义

消费者敌意（consumer animosity）是一个源于国际营销研究领域的概念。Klein 等（1998）最早提出消费者敌意的概念，将其定义为：消费者由于之前或正在发生的军事、政治或经济事件等而对特定国家产生的反感甚至憎恶之情。

后来，学者们对消费者敌意的定义更为细化，界定了不同类型的敌意。Jung 等（2002）根据敌意的表现来源（sources of manifestation）将敌意分为两种：稳定性敌意与情境性敌意。稳定性敌意（stable animosity）是指由国家之间不愉快的历史事件或旷日持久的军事、经济和政治等冲突而日积月累，演变成一种普遍的、根深蒂固的敌对情感；情境性敌意（situational animosity）是指由当前环境而产生的，受特定事件所引发的情境所驱使的强烈敌对情绪，可能会在短期内盖过稳定性敌意。根据敌意的表现位点（locus of manifestation），也可将敌意分为两种：国家敌意与个人敌意。国家敌意（national animosity）是指对受害国在宏观国家层面上所遭受的苦难的对抗情绪，是个体对他的国家因另一个国家的不当行动而遭受的苦难的怨恨；个人敌意（personal animosity）是指在微观个体层面上对各种挑衅所产生的个人挫折情绪，是个体由于他与那个国家或那个国家的人之间的负面经历而对另一个国家的怨恨。基于稳定性/情境性与国家/个体维度，Jung等（2002）将敌意进一步划分为四种类型：一是国家稳定性敌意（national stable animosity），是指由于历史环境而产生的敌意，在国家层面上产生影响，随着时间的推移，这种敌意演变为一种普遍倾向。例如，由于第二次世界大战，很多中国人对日本持有国家稳定性敌意。二是个体稳定性敌意（personal stable animosity），当倾向性的敌意（dispositional animosity）在个体层面上影响到个人时，个体稳定性敌意就产生了。例如，如果某个中国人的家人在第二次世界大战中曾经受到日本迫害，那么他就有可能对日本持有个体稳定性敌意。三是国家情境性敌意（national situational animosity），是指因为当前的特定情境而产生的、在国家层面上产生影响的敌意。例如，在特朗普执政期间引发的中美贸易战可能导致中国人持有对美国的国家情境性敌意。四是个体情境性敌意（personal situational animosity），是指当一个特定的情境产生了个人层面上的影响（如伤害或苦难）而产生的敌意。例如，如果中美贸易战导致某个中国人失业或收入受损，那么他就有可能对美国产生个体情境性敌意。该研究还提供了一个四种类型的敌意测量表。

2. 消费者敌意的维度

Klein等（1998）认为消费者敌意包括两个维度：战争与经济敌意。后来，学者们指出消费者敌意的维度比两维度更丰富，如：Nes等（2012）提出消费者敌意包括经济、人民、政治/政府和军事/战争敌意四个维度；Sánchez等（2018）则认为消费者敌意包括六个维度：经济、社会、政治、宗教、历史和军事敌意。可见，消费者敌意的维度变得越来越全面。

3. 消费者敌意的引致因素

Riefler等（2007）指出，战争冲突与经济摩擦等不是消费者敌意的维度，而是引起消费者敌意的原因。因此，研究消费者敌意应使用形成性测量模型，而不是反映性测量模型。实际上，消费者敌意的引致因素不止战争冲突与经济摩擦两种。学者们提出形成消费者敌意的原因不仅仅来源于国家之间的双边冲突或恶性事件（Campo，Alvarez，2019；Alvarez，Campo，2020），也可能由与某一特定事件无关的更普遍的情感所引起（Nes et al.，2012），如感知人权侵犯、政府与政治制度、人民与文化（Campo，Alvarez，2019）和宗教信仰（Sánchez et al.，2018）。郭功星等（2014）将消费者敌意的引致因素归纳为以下诸方面：战争、经济、政治与外交、宗教信仰和国民心理等。学者们进一步指出，消费者对不同国家产生敌意的主要原因是不一样的（Alvarez et al.，2020；Sánchez et al.，2018）。

4. 本书对消费者敌意的界定

综上所述，本书认为消费者敌意是消费者对特定国家的消极情感；消费者敌意是一个形成性构念，形成消费者敌意的主要原因应该具体国家具体分析。

二、消费者敌意的影响结果

1. 消费者敌意对产品评价与购买意向的影响

学者们重点研究了消费者敌意对消费者购买决策的影响。虽然学者们进行了大量研究，但由于消费者敌意对消费者购买决策的影响不是本书的研究重点，因此本书对相关主要研究成果进行简要梳理。消费者敌意作为一种针对特定国家的消极情感（Riefler, Diamantopoulos, 2007），导致消费者对来自敌意国的产品持有排斥甚至抵制的态度，从而降低了购买意向（Ettenson, Klein, 2005；Klein et al.，1998）。学者们对产品评价在消费者敌意对购买意向的影响关系中的中介作用尚未达成共识。有学者指出，消费者敌意直接影响购买意向，该影响不通过产品评价的中介作用，这意味着消费者在对特定国家产生敌意之后可能不愿意购买该国的产品，但他们对该国产品的评价却不会因此而扭曲（Klein et al.，1998）；但也有学者认为，消费者敌意不仅直接影响购买意向，还通过产品评价的中介作用间接影响购买意向（Ettenson, Klein, 2005）。

2. 消费者敌意对旅游意向的影响

由于本书的研究主题，下面重点介绍当前关于消费者敌意对旅游意向的影响机制的文献。国家目的地（country destination）作为一种旅游产品既有普遍性又有特殊性。研究消费者敌意对消费者出国旅游决策的影响既可以借鉴已有的大量关于消费者敌意对消费者购买决策的影响的研究，又需要考虑其特殊性与复杂性（Stepchenkova et al.，2018）。例如，目的地管理者，不像产品经理那样能够淡化产品与其原产国的联系，而定位为全球品牌，可减少负面的国家联想的影响（Nes et al.，2012）。这是因为旅游目的地不可避免地与其特定的地理位置相联系，因此相比于产品评价（消费者敌意→产品评价→购买意向），目的地形象可能对消费者敌意对旅游意向之间的关系起到更重要的中介作用。又如，相比于一般的购买决策，消费者在旅游决策特别是出国旅游决策中感知到更高的风险（许晖 等，2013），感知风险对消费者出国旅游决策有重要影响（Chew，Jahari，2014）。

郭功星等（2016）以216名中国青少年消费者为研究样本，引入自我效能作为中介变量与性别作为调节变量，探讨了消费者敌意对旅游意愿的影响及作用机制。结果表明：消费者敌意对中国青少年赴日旅游意愿具有显著的负向影响；自我效能在消费者敌意和旅游意愿的关系中起着中介作用；消费者敌意对自我效能的作用强度存在性别差异，男性青少年的消费者敌意对自我效能的影响程度更强。该研究将消费者敌意的概念引入跨文化旅游行为研究，在理论层面上丰富了旅游消费者行为研究，尤其在跨文化旅游行为的研究方面具有一定的启发意义；该研究对相关营销实践者、企业和政府部门在政策制定以及危机公关时具有一定的启示。

Stepchenkova 等（2018）考察了当目的地国家与客源国家处于持续的政治与经济冲突时，目的地旅游产品的吸引力。该研究是在俄罗斯与美国的情境下进行的：俄罗斯是客源国，美国是度假目的地。具体而言，该研究检验了俄罗斯游客到美国度假的意愿是怎样受其对美国作为一个国家、一个度假目的地的感知，对美国的敌意，以及俄罗斯游客的国家依恋（national attachment）与民族中心主义倾向的影响的。该研究结合使用非结构化数据与结构化数据。非结构化数据的获取方法为：请调查对象分别把美国作为一个国家与一个目的地来考虑，找出三个最显著的联想；并对这些联想进行评价，1代表"极其消极"，10代表"极其积极"。结构化数据使用问卷调查法获得，其中敌意包括三种：国家敌意、个人敌意和总体敌意。问卷调查在俄罗斯的某所大学进行，收集到405份学生样本数据。研究发现：调查对象对美国作为一个目的地的联想要比美国作为一个国家的联想更积极；敌意对国家形象的消极效应是对目的地形象的两倍；国家形象、目的地形象和总体敌意对旅游意向有直接的影响。消费者民族中心主义与国家情境性敌意（national situational animosity）对旅游意向的影响分别受到目的地形象和国家形象的中介作用。该研究将原产国效应的研究框架应用到旅游领域，是第一个同时将敌意、国家依恋和消费民族中心主义构念包括在框架内的研究，从而将这些构念的作用从商业与营销文献中的传统消费品领域扩展到更复杂的产品——旅游目的地；同时，该研究对管理者打造美国国家品牌（Brand USA）有启示意义。

  Stepchenkova 等（2020）研究了游客在其母国与目的地国之间发生冲突的情况下的决策制定过程。该研究以消费者敌意、国家依恋、民族中心主义、国家形象和对双边关系状态的感知为构念，检验了三种情境下的旅游意向：在未来三年内的一般旅游意向、特殊事件（2018年韩国平昌冬奥会）下的旅游意向、在两国关系改善的情况下的旅游意向。研究的情境为中国（母国）与韩国（目的地国）之间的冲突，引发冲突的事件是：韩国不顾中国反对，执意把萨德系统（末段高空区域防御系统，THAAD）部署在韩国星州基地而引发的一系列事件。为了获得更稳健的结果，该研究使用了两种不同的分析方法：传统的统计方法（分层线性回归）与数据挖掘方法（决策树分析），并将它们应用于以上三种情境下。该研究与中国的四家旅行社合作，请导游帮忙把在线调查链接私信给调查对象，共收集到532个有效样本。两种分析方法的研究结果一致表明，除了国家形象和双边关系变量外，总体敌意（general animosity）和民族中心主义倾向在游客决策中的影响水平也很高；而人口统计变量与对韩国的熟悉度几乎没有影响。该研究在两国发生冲突的情境下，检验了消费者敌意、国家依恋和民族中心主义对旅游意向的影响，这是过往的旅游研究很少涉及的；该研究使用了三种情境下的旅游意向作为因变量，更全面地反映了游客的决策制定过程中的各种外部因素。回归方法在解释影响变量与计算影响的大小方面更为透明，而具有可视化功能的决策树非常适合为学术界以外的用户解释结果，因此该研究的结果更稳健、更具实践操作价值。该研究给政府、旅游业和媒体的启示是：强势的目的地品牌与独特的目的地形象对冲突时期维持稳定的客源、减少损失十分重要；在冲突时期积极改善对外关系能在一定程度上降低消费者敌意的消极影响。

  Sánchez 等（2018）深入研究了敌意这一构念，以确定构成这一构念的维度，它们在旅游中的作用，以及它们对特定目的地的访问意向的影响。该研究首先进行探索性研究，使用结构化访谈来了解土耳其人对哪些国家怀有敌意，请他们列举最不喜欢的国家并解释原因。接着，该研究通过讨论与娱乐及休闲相关的话题的社交媒体网络和在线论坛来邀请被试者，以获得能够并愿意出国旅游的代表性样本。该研究对邀请到的被试者进行问卷调查，询问他们对探索性研究找出的土耳其人的三个主要敌意国（以色列、中国和沙特阿拉伯）的看法，测量经济敌意、社会敌意、政治敌意、宗教敌意、历史敌意、军事敌意（消费者敌意的六个维度），总体敌意和访问意向。该研究共收集到163份有效问卷，包括489个敌意评价。结果表明：三个国家中，土耳其人对以色列的总体敌意最高，其次为沙特阿拉伯，对中国的总体敌意最弱；从消费者敌意的不同维度来看，土耳其人对以色列的社会、历史和军事敌意在三个国家中最强，对中国的经济敌意最强，对沙特阿拉伯的政治和宗教敌意最强；政治与社会敌意均显著地负向影响土耳其人访问沙特阿拉伯的意向；只有政治敌意显著地负向影响土耳其人访问以色列与中国的意向。研究结果表明，根据所分析的国家不同，存在的敌意的类型与强度也各不相同，它们对访问意向并不总是有显著的影响。该研究提出了一个更全面的包括六个维度的消费者敌意量表；同时，该研究还将消费者敌意研究扩展到旅游环境下。研究结果有助于更好地理解导致消费者对一个国家产生敌意的因素，同时也为目的地管理者提供了指导方针，以尽量减少其消极影响。

Campo 和 Alvarez（2019）的研究旨在检验一个消费者敌意的量表，该量表包含的敌意的形成原因比目前文献中所涵盖的更普遍，并检验了敌意对国家目的地评价与访问目的地的意向的影响。该研究考察了消费者敌意这一构念，探讨了消费者敌意形成的原因。该研究结合便利抽样与滚雪球抽样，通过电子邮件与社交媒体，对西班牙人进行了在线问卷调查，共收集到229份有效问卷。问卷包括了一些开放式问题，要求调查对象找出自己最不喜欢的三个国家，并说明理由；随后，测量历史/军事敌意、经济敌意、社会敌意、政治/人权敌意、总体敌意、目的地评价、访问意向和人口统计特征等。研究发现，西班牙人最不喜欢的国家依次为朝鲜、委内瑞拉、伊拉克和中国等；政治与意识形态方面的原因似乎是西班牙人对这些国家形成敌意的主要原因；西班牙人对以上四个国家形成敌意的主要原因存在显著的差异。研究结果证实，消费者对某一特定国家的敌意是由各种原因形成的多维构念（二阶形成性构念）。研究结果还表明，消费者敌意直接影响消费者访问目的地的意向，同时对作为一个旅游目的地的国家的评价间接影响旅游意向。该研究的主要理论贡献为：证实了消费者敌意是一个二阶形成性构念，同时确定了消费者敌意作为一个影响消费者旅游决策的构念的重要性。管理启示为：那些在国际媒体上被认为侵犯人权或政权专制的国家，不应把西班牙作为主要客源国，而应把优势资源投入更受欢迎的其他市场上。

Alvarez 和 Campo（2020）探讨了在目的地作为旅游产品的环境下消费者敌意的概念。该研究试图扩展目前认为消费者敌意源于双边冲突或事件的主流观点。因此，该研究设计并检验了一个包含不同维度的消费者敌意量表。此外，该研究旨在确定消费者敌意如何在国家作为旅游目的地的环境下发挥作用，并解释其对消费者旅游决策的影响。该研究通过 Qualtrics 在线调查网站，对美国人进行了在线调查，共收集到 491 份有效问卷。调查问卷包括开放式问题与封闭式问题。首先要求受访者自由回答他们最不喜欢的国家以及他们形成这种感觉的原因。封闭式问题测量消费者敌意、国家目的地形象、访问意向、感知访问风险和人口统计特征等。结果显示，美国人最不喜欢的国家依次为朝鲜、伊拉克、伊朗、俄罗斯和墨西哥等；形成敌意的主要原因依次为战争与冲突、人民、政府、领导人和政治制度等；消费者对不同国家形成敌意的主要原因是不同的。消费者敌意的形成原因主要来源于三个方面：将该国视为经济/军事威胁，对该国人民与社会的厌恶，以及政治、历史或军事冲突；总体敌意对访问意向的直接影响不显著，而是通过总体目的地形象间接影响访问意向；感知危险对旅游意向的直接影响不显著，也是通过总体目的地形象对访问意向施加间接影响。该研究提出消费者敌意不仅源于国家之间当前或历史的双边冲突，从而扩展了消费者敌意的概念；不同的样本可能从不同的角度考虑敌意，因此消费者敌意的维度可能根据环境与来源国的不同而不同；该研究首次检验了感知风险在消费者敌意对旅游意向的影响关系中所起的中介作用。

此外，学者们还发现其他类型的敌意也会影响旅游意向。例如，当地人对少数移民群体的敌意（immigrant animosity），会降低他们去该少数群体的原籍国旅游的意向（Moufakkir，2014）。Josiassen 等（2020）探索了旅游敌意（tourism animosity）对各种游客与居民行为的影响。旅游敌意指游客对特定目的地及其居民的消极情感。旅游敌意包括两个维度：争鸣情绪（contending emotions，基于愤怒的情绪）与容纳情绪（accommodating emotions，基于害怕的情绪）。争鸣情绪使用"疯狂的""恼怒的""烦恼的""心烦的"问项来测量。容纳情绪使用"担心的""害怕的""焦虑的""关心的"问项来测量。可见，旅游敌意更多的是表达一些消极情绪，它与前文所述的消费者敌意是不同的构念。旅游敌意正向影响游客的访问意愿与口碑，但负向影响游客与当地居民的互动；旅游敌意还负向影响居民对旅游的支持与热情好客。旅游敌意正向影响访问意愿，这有违直觉，原因可能与一些游客偏爱"黑色旅游"（Stone，Sharpley，2008）相关。

小结以上，关于消费者敌意的影响结果的文献主要探讨的是消费者敌意对消费者购买决策的影响。近几年有学者开始探索消费者敌意对消费者出国旅游决策的影响，较普遍的研究结论是：消费者对特定国家的敌意降低了消费者赴该国旅游的意向，自我效能、国家形象、目的地形象和感知风险等变量可能对消费者敌意与旅游意向之间的关系起中介作用。

第二节　消费者善意

一、消费者善意的内涵

1. 消费者善意的定义

消费者善意（consumer affinity）是一个出自国际营销领域的概念。相比于消费者敌意，关于消费者善意的研究要少得多。Oberecker 等（2008）首先提出消费者善意的概念，将其定义为：消费者由于直接的个人经历/主观认知，对特定国家产生的喜欢、共鸣甚至依恋之情（Oberecker et al.，2008）。

2. 消费者善意的维度

学者们就消费者善意的维度尚未达成共识，提出了以下多种观点。单维观点：用"我对该国有一种愉快的感觉""我喜欢该国"和"我对该国有一种共鸣的感觉"等7个测项来测量（Bernard，Zarrouk-Karoui，2014），即所谓的一般善意（Nes et al.，2014）。二维观点：共鸣与依恋（Oberecker，Diamantopoulos，2011），共鸣指对特定国家的较低程度的积极情感；而依恋为对特定国家的较高水平的积极情感。共鸣可用3个测项来测量："愉悦感觉""喜欢"和"情投意合的感觉"。依恋则用4个测项进行测量："深深吸引""感到依恋""爱"和"鼓舞人心的"。三维观点：人民、商业和教育善意（Wongtada et al.，2012）。四维观点：生活方式、风景、文化和海外联系（Asseraf et al.，2017）。

3. 消费者善意的引致因素

Nes 等（2014）指出，自然/文化、娱乐、人民和政治不是消费者善意的维度，而是引起消费者善意的原因。郭功星等（2016）将消费者善意的引致因素归纳为以下方面：生活方式、风光景致、文化传统、政治经济、海外居住、出国游历和亲朋联系等。与消费者敌意类似，消费者对不同国家形成善意的主要原因也有所区别（杨一翁，2018）。

4. 本书对消费者善意的界定

综上所述，本书认为消费者善意是消费者对特定国家的积极情感；消费者善意是一个形成性构念，形成消费者善意的主要原因应该因具体国家的消费者、具体目标国而具体分析。

二、消费者善意的影响结果

1. 消费者善意对购买意向的影响

相比于消费者敌意，当前关于消费者善意的实证研究要少得多，学者们主要研究了消费者善意对消费者购买意向的影响。消费者善意是一种对特定国家的积极情感（Asseraf et al., 2017），能提高消费者对来自善意国的产品的购买意向（Bernard, Zarrouk-Karoui, 2014；Nes et al., 2014）。除了直接影响购买意向之外，消费者善意还通过一些中介变量间接影响购买意向，如：感知风险（Oberecker, Diamantopoulos, 2011）、产品评价（Wongtada et al., 2012）和微观国家形象（Nes et al., 2014）等。由于研究数量有限，学者们并未像对消费者敌意的研究那样就消费者善意对购买意向的影响是否存在中介机制进行讨论。

2. 消费者善意对旅游意向的影响

与消费者敌意对旅游意向影响的研究相比，关于消费者善意与旅游意向之间关系的实证研究非常罕见，本书对可查到的几篇文献进行详细梳理。

Oberecker 和 Diamantopoulos（2011）提出了消费者善意的概念，开发了一套测量消费者善意的量表；同时在消费者善意、国家形象、消费者民族中心主义和关键的消费者行为变量（购买来自善意国的产品、投资善意国、访问善意国）间建立联系。借助一家专业的市场营销机构对奥地利消费者进行在线调查，研究结果表明，消费者善意比消费者民族中心主义对感知风险与购买意愿的解释力更强；研究结果还表明，相比对某国的认知性评价（宏观国家形象、微观国家形象），消费者善意对该研究考虑的大部分行为结果（感知风险、访问意向和投资意向）的影响都更大。总之，该研究强调了消费者善意在塑造消费者行为中的重要作用，从而对先前主要关注消费者敌意对行为的影响的研究进行了补充；因此，活跃于国际商务界的企业除了可受益于积极的国家形象之外，还能受益于消费者善意的杠杆作用。该研究的重点是开发一套消费者善意量表，并研究消费者善意对消费者外国产品购买的影响，而消费者善意对旅游意向的影响只是研究的扩展。

Tien（2018）以289位居住在越南胡志明市的消费者为样本，研究了消费者善意对旅游意向与购买意向的影响，研究发现：越南消费者对日本/韩国的善意正向影响他们去日本/韩国旅游的意愿，购买日本/韩国的产品与服务的意愿，为日本/韩国的产品与服务支付的意愿以及与亲戚分享信息的意愿。

学者们也探索了其他一些类似的构念对旅游行为的影响，如旅游善意（tourism affinity）（Estévez, Oddi, 2020；Josiassen et al., 2020）。旅游善意指一种对某个特定的外国目的地的共鸣（sympathy）、赞赏（admiration）和依恋（attachment）之情，是一种旅游相关结果的潜在驱动因素（Josiassen et al., 2020）。也有学者将旅游善意定义为：一种基于游客的个人兴趣与过去经历而对特定外国的喜爱、赞赏和依恋之情的外群体偏差（out-group bias），它影响游客的旅游意向，并塑造其他游客行为（Estévez, Oddi, 2020）。两种定义类似。与前文谈到的消费者善意不同，旅游善意由三个维度构成：共鸣（喜欢、钟爱、亲密、友好）、赞赏（着迷、魅力、敬畏）和依恋（连接、紧密、承诺、分享）（Josiassen et al., 2020）。可见，旅游善意更多的是表达一些积极情绪，这与前文所述的消费者善意是不同的。旅游善意的影响因素为：目标一致性（感知者与被感知者的目标之间的一致或兼容程度）、相对力量（被感知群体的力量相对于感知群体的力量）和道德义务（感知到的帮助自己或附属群体中的成员的义务）（Josiassen et al., 2020）。也有学者发现：目的地形象（生活方式、风景、文化、旅游与海外经历、接触）正向影响旅游善意（Estévez, Oddi, 2020）。由此可见，无论是定义、维度还是影响因素，旅游善意均与前述的消费者善意不同，因此两者是不同的构念。Josiassen等（2020）发现：旅游善意正向影响游客的访问意愿与提供关于目的地的正面口碑的意愿；旅游善意还正向影响居民对接待来自焦点目的地的游客的支持以及对这些游客的热情好客。Estévez 和 Oddi（2020）发现：旅游善意正向影响访问意愿，访问意愿进一步正向影响实际旅游行为；旅游善意还正向影响口碑、对负面信息的敏感性、社交媒体查看、与当地居民的接触意向、品尝当地食品的意向、对团体活动的偏好、待在爱彼迎民宿、与亲朋好友待在一起和赠送礼物等一系列与旅游相关的行为。这些值得消费者善意的研究借鉴。

小结以上，关于消费者善意的影响结果的文献主要探讨的是消费者善意对消费者购买决策的影响。只有少量文献考察了消费者善意对消费者出国旅游决策的影响，研究结论为：消费者对特定国家的善意能提高消费者赴该国家目的地旅游的意向，然而消费者善意对旅游意向的影响的中介机制尚不清晰。

第三节 消费者敌意与消费者善意对消费者决策的共同影响

根据矛盾态度理论（Priester，Petty，1996；Thompson et al.，1995），消费者善意与敌意应该是两个不同的构念，两者有可能共同影响消费者决策。大部分学者分别研究了消费者敌意与善意这两种单向、相反的态度各自对消费者决策的影响。近两年，有学者开始关注这两种截然相反的态度对消费者购买决策的共同作用。本书对这些少量的文献进行详细梳理。

Kock 等（2019）提出了一个整合的框架，将两个独立的关于原产国（country-of-origin）的研究领域联合起来：与绩效相关的原产国形象（认知）以及与绩效无关的国家情感（country emotions）。该研究将这两个领域内现有的不同观点整合到国家引发的倾向模型（country-induced predispositions）中，进行了两项研究：研究一是验证意象—形象模型（imagery-image model）；研究二是验证整合的国家引发的倾向模型。研究一进行定性与定量相结合的研究。定性研究包括两步：首先是半结构化的访谈，对美国与丹麦的 25 位消费者进行访谈，确定他们对德国与意大利的联想；其次是定义联想集，根据每一种联想的提及频率与顺序等计算。国家意象是对每种联想的强度乘极性的值求和；国家形象用"坏的/好的""招人讨厌的/讨人喜欢的"和"消极的

/积极的"三个问项测量。定量研究收集到 174 位丹麦消费者对德国的感知的系统性街头拦截数据；并收集到 244 位美国消费者对德国与意大利的感知的在线调查数据。研究结果表明：国家意象正向影响国家形象，国家形象进一步正向影响消费者对相关产品的购买意向。研究二将敌意、善意、整体情感（holistic affect）、矛盾态度和对正面信息的抗拒加入研究一的模型，形成一个整合的国家引发的倾向模型。敌意包括两个维度：基于愤怒的争鸣情绪（愤怒的、疯狂的、恼怒的）与基于害怕的容纳情绪（担心的、害怕的、恐惧的）。善意包括三个维度：赞赏（着迷的、印象深刻的、赞赏）、喜欢（喜欢、钟爱、共鸣）和依恋（连接的、结为一体的、依恋的）。矛盾态度使用 Griffin 公式（Thompson et al.，1995）计算，计算的是国家形象认知—整体国家情感矛盾。该研究使用亚马逊的 Mechanical Turk 平台，收集了 991 位美国消费者对中国（手机）、英国（家具）和以色列（手表）的在线调查数据。研究结果表明：国家意象通过国家形象进一步正向影响消费者对相关产品的购买意向、负向影响正面信息抗拒；敌意通过国家形象进一步影响消费者对相关产品的购买意向与正面信息抗拒；善意通过国家形象进一步影响消费者对相关产品的购买意向与正面信息抗拒；矛盾态度起调节作用，矛盾态度越强，国家形象与整体国家情感对相关产品购买意向的影响均越弱。该研究同时研究了国家认知（国家意象、国家形象）、国家情感（善意、敌意、整体情感）对消费者购买决策等的影响，更全面地界定了原产国线索（与绩效相关的认知、与绩效无关的情感），对特定国家的国家意象进行了有针对性的测量，从而丰富了原产国研究领域的文献；同时扩展了双元信息处理理论等理论的应用。该研究也为对原产国线索感兴趣的管理者提供了一个灵活的、可操作的路线图。然而，在该研究中，善意与敌意更多的是一种积极/消极的情绪，与本书之前讨论的消费者善意与敌意是不同的构念，但该研究仍然值得借鉴。

Josiassen 等（2020）基于吸引—排斥框架（attraction-repulsion framework）同时探索了旅游善意（tourism affinity）与旅游敌意（tourism animosity）对各种游客与居民行为的影响，如：游客的访问意愿、游客口碑、游客期望与当地居民的互动水平、居民对旅游的支持和居民的热情好客。然而，该研究中的旅游善意与旅游敌意与前述的消费者善意及消费者敌意是不同的构念，其研究结果可供参考。

Aydın 和 Ünal（2020）检验了消费者善意、敌意和民族中心主义对外国产品购买意向的影响，以及替代性国货的缺乏的调节作用与品牌形象的中介作用。该研究以拥有美国品牌电脑（苹果、惠普、戴尔）的土耳其消费者为调查对象，使用便利抽样法，收集到 355 份有效问卷。研究发现：消费者善意与消费者民族中心主义均显著地正向影响购买意向，而消费者敌意对购买意向的影响不显著；三者中，消费者善意的影响最大；品牌形象对消费者善意与购买意向之间的关系起部分中介作用，但品牌形象对消费者敌意/民族中心主义对购买意向的影响关系的中介作用不显著；替代性国货的缺乏对消费者善意与购买意向的影响关系起正向调节作用，但替代性国货的缺乏对消费者敌意/民族中心主义与购买意向之间关系的调节作用不显著。研究表明，消费者能够同时持有积极与消极情感，且相比于消极情感，积极情感对消费者购买外国产品的影响更大，研究突出了国际品牌在国际市场上营销时唤起国际消费者对本国的积极情感的重要性。然而，该研究对消费者善意与敌意的测量不均衡，消费者敌意为一阶构念，且仅测量了经济敌意；而消费者善意却是二阶构念，包括人民善意、风景与基础设施善意、技术与创新善意、商业成就善意和教育善意 5 个维度。这可能会对结果造成一定的偏差。

小结以上，如同消费者购买决策，消费者敌意与善意也有可能同时影响消费者出国旅游决策，但目前还没有其他学者开展这方面的研究。

第四节　消费者矛盾态度

一、消费者矛盾态度的内涵

1. 消费者矛盾态度与矛盾态度理论

矛盾态度是一个来自心理学研究领域的构念（Scott, 1966）。Otnes 等（1997）最早将矛盾态度这一构念引入消费者行为研究领域，并提出消费者矛盾态度（consumer ambivalence）的概念，其定义为：消费者同时或依次体验到的多种情感状态，它是内部因素与在市场导向环境下的外部对象、人、机构和/或文化现象相互作用的结果，它对消费者购前、购中和购后的态度与行为有直接和/或间接的影响。该定义较好地结合了内部与外部因素，归纳了消费者矛盾态度的引致因素与影响结果，但没有突出矛盾态度的二元性与冲突性的特点。黄敏学等（2010）提出消费者矛盾态度的定义为：消费者对待某一营销要素同时存在的积极和消极的认知评价和情感体验。本书认同这一定义。

矛盾态度理论认为：态度是二元的，而不是一元的，积极与消极态度可以共存，不一定此消彼长；只有当积极与消极态度均达到一定强烈程度且旗鼓相当时，矛盾态度才会产生（Kaplan，1972；Priester，Petty，1996）。

由于态度由认知、情感和行为意向构成（Solomon，2018），矛盾态度因此既能够在同一种成分之内产生（例如，积极与消极情感之间的矛盾），又能够在不同成分之间产生（例如，积极的情感与消极的认知之间的矛盾）（Moody et al.，2014）。本书聚焦于由消费者对特定国家目的地的积极情感（善意）与消极情感（敌意）冲突而产生的矛盾态度，即情感这一种态度成分之内产生的矛盾态度。

2. 消费者矛盾态度的测量

矛盾态度有两种测量方法：主观测量法与客观测量法。

（1）主观测量法

矛盾态度的主观测量法是通过一些测项来直接询问调查对象对某个客体的主观冲突体验与矛盾程度（Priester，Petty，1996）。例如，"我对……感到冲突""我对……有混合的态度"和"我对……感到矛盾"等（Priester，Petty，1996；Russel et al.，2011；Akhtar et al.，2020a）。

主观测量法的优点是简单直接，其测量角度紧扣矛盾态度的综合体验与反应，较好地体现了矛盾态度的概念（潘晓波，2015）。

然而主观测量法也有局限性，主要在于：第一，问人们是否感到矛盾可能会被人们误解为犹豫不决或不确定的问题，因此不能准确地捕捉到矛盾态度的实际主观体验，导致预测效度较低；第二，人们可能对某个问题持有矛盾的看法，但无法明确表达这些分裂的看法，因为冲突是无意识的；第三，主观测量法无法区分两类人——对某事物的两方面确实感到冲突的人（矛盾）与对该事物的两方面都不在乎的人（冷漠）（Russel et al.，2011）。

（2）客观测量法

客观测量法为：首先，请被试者忽略目标物的负面特征，而只考虑其正面特征来进行评价，从而测出被试者的积极态度；其次，请被试者忽略目标物的正面特征，只考虑目标物的负面特征来进行评价，从而测出被试者的消极态度；最后，通过公式计算出客观矛盾态度的得分（Thompson et al., 1995）。当前应用最广泛的客观矛盾态度计算法为 Griffin 公式（Thompson et al., 1995），如公式（2-1）所示：

$$A = (P+N)/2 - |P-N| + C \qquad (2-1)$$

式中：A 代表矛盾态度；P 代表积极态度；N 代表消极态度；C 为常数，以确保矛盾态度不为负数。

运用 Griffin 公式计算客观矛盾态度的一个局限性是矛盾态度与积极和消极态度可能不是简单的线性关系。运用渐进阈值模型计算矛盾态度，突破了简单直线关系模型（潘晓波，2015），也是一种有效的矛盾态度客观测量法（Priester, Petty, 1996），如公式（2-2）所示：

$$A = 5C^p - D^{1/c} \qquad (2-2)$$

式中：A 代表矛盾态度；D 表示主导型态度，即积极与消极态度中得分较高者；C 表示冲突性态度，即积极与消极态度中得分较低者；p 为小于 1 的常数，p 取 0.4 或 0.5 效果较好（Priester, Petty, 1996）。

客观测量法的优点在于，其测量角度突出了矛盾态度形成的本质特征；同时，在测量过程中，积极、消极态度分开独立测量，便于被试者清楚、准确地识别与评价（潘晓波，2015）。然而，客观测量法也存在一定的局限性，主要为：被试者很难在完全忽略负面特征的情况下来对正面特征进行客观评价，反之亦然，这可能导致所得分数代表意义的下降（黄敏学 等，2010）。

由于矛盾态度的主、客观测量法各有优缺点，学者们建议结合使用这两种方法开展研究，以提高测量精确性与研究结果的稳健性（黄敏学 等，2010）。

二、消费者矛盾态度的形成机理

1. 消费者矛盾态度的引致因素

Otnes 等（1997）将消费者矛盾态度产生的原因分为四个方面：现实与预期的差距、信息超载、消费者与购买影响者的角色冲突、习俗与价值观冲突。随后，学者们根据不同分类方法对消费者矛盾态度的成因进行了归纳。黄敏学等（2010）按消费者矛盾态度产生的类型，从个人因素、产品因素和情境因素三方面对消费者矛盾态度的引致因素进行了归纳。有学者按消费者内在个体特征与外在营销因素，对消费者矛盾态度的成因进行了总结（潘晓波，2015；王大海 等，2015）。高海霞和张敏（2016）按消费者购买决策的五个阶段，对消费者矛盾态度的引致因素进行了概括。

2. 积极与消极态度形成矛盾态度的机理

除了直接分析消费者矛盾态度的引致因素之外，一些学者提出了另一条研究思路：首先分别探明消费者的积极与消极态度及其影响因素；根据矛盾态度理论，积极与消极态度可以共存，当两者在特定情境下同时达到一定强度且大致相当时，形成消费者矛盾态度（Kaplan，1972；Priester，Petty，1996）。本书主要借鉴这一思路开展研究，因此对相关文献进行详细梳理。

Moody 等（2014）以 521 位有经验的线上消费者为调查对象，研究了线上消费者行为。为了增加模型内的变化，以及引入或排除矛盾态度，该研究将被试者随机分配到三种购买情境之一："正常组""不信任组""矛盾组"。研究发现怀疑与情境性异常（situational abnormality）是不信任的独立、重要的引致因素。该研究也同时检验了矛盾态度对信任者对网站的意向的影响，并发现矛盾态度对增加信任意向有微弱的正向影响。研究表明，信任与不信任是两个独立的构念，它们能够同时存在；相比于信任，不信任对信任者的意向的影响要强得多。该研究发现，矛盾态度对信任意向有微弱但显著为正的影响，这不符合常理，产生这一结果的可能原因为：当个体在购物环境下体验到矛盾态度时，他们对自己对态度对象的意向感到不太确定，由于有更强动机来处理与找到解决办法而启动了系统式处理；当个体对信息进行更彻底、更精细、更努力的系统式处理之后，会变得更确定，因此有更高既定的意向（established intentions）去从事特定的行为（Jonas et al.，1997）。该研究将矛盾态度这一构念及其测量引入信息系统研究领域，明确了在电子商务环境下矛盾态度何时可能形成，揭示了同时发生的、相互冲突的态度是如何在传统的因变量（如意向与行为）之外，引起其他更微妙的结果的（比如矛盾态度），同时揭示了矛盾态度对在线被信任者—信任者关系的影响，这是在电子商务领域首次专门研究矛盾态度的产生和影响。该研究建议网站设计者投入优势资源避免不信任。

Moody 等（2017）为了研究信任与不信任的感觉如何（或甚至是否）产生矛盾态度，以及这两个构念如何最好地共存，提出了基于信任的整体信念

(overall trust – based beliefs)的混合模型，该模型考虑了单维模型（unidimensional models）与双维模型（bidimensional models）的局限性和优点。也就是说，假定信任与不信任既可以作为独立的组成部分共存，又具有相关的连续性（continua）。在该模型中，信任信念（trust beliefs）包括三个子维度：能力（competence）、善意（benevolence）和正直（integrity）。不信任信念（distrust beliefs）也包括三个对应的子维度：无能（incompetence）、恶意（malevolence）和欺骗（deceit）。而整体意向由六个子维度所形成。该研究采用多项式回归分析（Polynomial Regression Analysis，PRA）与响应面分析（Response Surface Analysis，RSA）来检验这些复杂的关系。首先进行预实验，设计与检验情境材料。随后，521位有经验的在线消费者参加了正式实验，这些被试者被随机分配到三种基本类型的处理情境之一（"控制组或信任处理组""不信任处理组""矛盾处理组"），以增加数据集中信任、不信任和矛盾态度的变化。该研究检验了矛盾态度对信任者对网站的意向的影响，发现矛盾态度对增强这种意向有微弱的正向影响。多项式回归与响应面分析证实，信任与不信任很可能是独立的组成部分，而不是同一个连续体的两端。该研究特别强调，产生整体信任的最重要的子维度组合是高水平的善意、低水平的恶意，以及高水平的能力与最低水平的无能；矛盾态度最强烈的激发因素是可靠性（正直—欺骗），其次是取向（orientations）之间的对比（善意—恶意），特别是当两者都处于高水平时。该研究在方法与概念上都做出了新的贡献，为当前与未来涉及信任、不信任和矛盾态度的在线交易研究提供了理论参考；通过使用先进的分析技术，将矛盾态度这一构念引入信任与不信任的研究。同时，该研究也提供了如下主要的管理启示：在提高整体信任意向方面，对电商来说，最重要的信号是那些希望买家幸福的善意信号，并删除那些表明恶意的信号；在降低矛盾态度方面，电商应该仔细审查或修改专门描述消费者对卖家的可靠性（正直—欺骗）的信号，因为这一维度对矛盾态度的产生有着最强烈的影响，这可能会负向影响信任意向。

潘晓波（2015）提出，在矛盾态度的实验研究中，向被试者展示关于态度对象的正面信息，使其形成对态度对象的积极态度；向被试者展示有关态度对象的负面信息，使其产生对态度对象的消极态度；通过控制正面与负面信息的比例，可实现对被试者矛盾态度的操控。

上述文献研究消费者对电商与商品的矛盾态度,当前仅有个别文献在国家层面上探索了消费者对特定国家的矛盾态度的形成机理。Russell C. A. 等(2011)开创性地在国家层面上,检验了消费者对某个国家的矛盾态度如何影响他们对该国标志性品牌的购买意愿。基于认识失调理论(the theory of cognitive dissonance)(Festinger, 1957)与平衡理论(balance theory)(Heider, 1946),该研究提出,随着矛盾态度的增强,人们更可能回避引发这种矛盾态度的事物,从而应对矛盾态度。该研究首先通过探索性研究,调查法国人对美国产生积极与消极态度的原因,开发出对美国的积极与消极态度的各10个测量问项。然后,借助一家专业的欧洲市场营销研究公司进行在线调查。为了确保一系列的矛盾态度水平,该研究收集了四组消费者的数据:"积极组"(10个积极评价的问项的均值大于量表中间值4,消极评价的均值小于4)、"消极组"(消极评价大于4,积极评价小于4)、"积极与消极评价均高组"(积极评价大于4,消极评价大于4)、"积极与消极评价均低组"(积极评价小于4,消极评价小于4)。每组样本数量至少50个,共收集到215个样本数据。所有样本的积极态度均值为4.14,消极态度均值为4.78,均大于量表中间值4,但消极态度强于积极态度。主观矛盾态度使用"分裂的"(divided)、"矛盾的"(ambivalent)和"混合的"(mixed)3个测项来直接测量;客观矛盾态度采用渐进阈值模型计算产生(Gradual Threshold Model, GTM)(Priester, Petty, 1996),见公式(2-2)。研究表明,消费者对某国同时存在的积极与消极评价会提高他们对与该国相关的事物的回避。客观矛盾态度确实与法国消费者购买美国标志性品牌的意愿负相关,但主观矛盾态度对购买意愿的影响不显著。研究结果突出了矛盾态度的冲突性的潜在本质,评估矛盾心理状态的主观体验的难度,以及采用间接测量法的重要性和实用性。研究表明,在研究原产国效应(country - of - orgin effects)时,有必要考虑由对某个国家的共同存在的积极与消极看法所形成的矛盾态度;购买抗拒似乎是一种应对矛盾态度的行为策略。最后,该研究建议品牌跟踪研究应该在分别捕捉测量对品牌来源国的积极与消极看法之外,还包含对某品牌与其母国关联程度的测量;同时,企业应该尝试降低消费者的矛盾态度。

小结以上,学者们研究了消费者在购买决策中对电商、商品和国家的矛盾态度的形成机理,但还未发现有学者研究消费者在出国旅游决策中,对特定国家目的地的矛盾态度的形成机理。

三、消费者矛盾态度的缓解机制

基于认知失调理论，较强烈的矛盾态度导致失调，产生心理上的不舒服，驱使个体努力减少失调，以达到协调（Cakici, Shukla, 2017; Festinger, 1957; 黄敏学 等, 2010）。矛盾的消费者如何在其购买决策中缓解矛盾态度，减少失调？少量文献对此进行了探索。

Zemborain 和 Johar（2007）发现，高矛盾态度的个体倾向于接受新信息而相应地改变态度，不考虑信息源的可靠性；而低矛盾态度的个体在接受信息并相应地改变态度之前，更倾向于先核实信息源的可靠性。黄敏学等（2010）通过两个现场实验发现：消费者态度的矛盾性程度稳定地调节着消费者对外界信息的选择与处理。具体而言，高矛盾性的消费者的主要动机是减少矛盾态度带来的认知失调感，会选择性注意网上的正面口碑；而低矛盾性的消费者的主要动机是降低购后风险，会选择性注意网上的负面口碑。潘晓波、黄卫来（2015）发现，在网络购物情境下，消费者在阅读商品信息与商家信用记录之后所产生的初步态度矛盾性对消费者后续的行为、特征等有显著影响。初步态度矛盾性高的消费者的信息量阈值更高，投入更多努力，采取更多系统式处理方式；然而，面对相同的正面口碑信息时，初步态度矛盾性高的消费者却更难降低其矛盾性；初步态度矛盾性高的消费者对正面口碑信息的主客观性特征更敏感；客观性正面口碑比主观性正面口碑对降低消费者态度矛盾性的作用更大。单春玲、赵含宇（2017）发现，消费者的矛盾态度稳健地调节着消费者对外界信息的处理。网络口碑的评论质量和评论数量对消费者态度的改变具有显著影响；高矛盾消费者受评论质量的影响较显著，即高矛盾者主要沿着中心路径改变态度；低矛盾者受评论数量的影响较显著，即低矛盾者主要沿着边缘路径改变态度。

小结以上，学者们主要在消费者购买决策中探索了矛盾的消费者如何缓解其矛盾态度的问题，分析了信息源的可靠性、口碑的极性、口碑的主客观性、评论质量与数量等外在信息特征对消费者的矛盾态度缓解策略的影响。然而，目前还没有其他学者探究矛盾的消费者如何在其出国旅游决策中缓解其矛盾态度。特别是，其他学者还没有探索消费者的内在心理特征对其矛盾态度缓解策略的影响。

四、消费者矛盾态度的影响结果

1. 消费者购买决策中的矛盾态度的影响结果

学者们重点研究了矛盾态度对行为意向，特别是购买行为意向的影响。然而，学者们就矛盾态度到底是增强还是减弱行为意向尚未达成统一，一些学者认为矛盾态度会减弱行为意向；而另一些学者则提出矛盾态度能增强行为意向。矛盾态度减弱行为意向的主要解释逻辑为：矛盾态度使消费者在心理上会产生强烈的冲突感和不舒服感（Priester，Petty，1996），这使决策变得困难（Greenspan，1980），可能导致决策拖延（van Harreveld et al.，2015）甚至回避（Jin et al.，2006），从而减弱了行为意向。矛盾态度增强行为意向的主要解释机制为：基于启发式—系统式信息处理（heuristic versus systematic information processing）模型（Chaiken，1980），矛盾态度降低了个体对涉及对象的行为态度的自信；自信的下降会唤起对相关信息的系统式处理；系统式处理将增强行为意向（Jonas et al.，1997）。

2. 消费者旅游决策中的矛盾态度的影响结果

近几年，有研究团队围绕消费者对冲突性在线酒店评论的矛盾态度的影响因素与影响结果进行了一系列研究，本书对这些文献进行详细梳理。

Akhtar 等（2019）构建了一个模型，研究了冲突性在线酒店评论的两种属性（感知字体诊断性、感知语言可理解性）引发的矛盾态度与心理不适，进而决定消费者行为（对冲突性评论的评价、对酒店服务的购买意向），并研究了辩证思维对上述两种属性与矛盾态度的关系的调节作用。该研究在中国环境下，使用 457 位住在或计划入住 3 星级与 4 星级酒店的消费者作为样本。研究发现：上述属性对矛盾态度与心理不适有显著的影响；由矛盾态度引发的心理不适对评论评价有负向影响，对购买意向有正向影响；辩证思维对冲突性属性与矛盾态度的关系起正向调节作用。心理不适对购买意向有显著的正向影响，这违背常理，可能的原因是：当消费者更喜欢根据现有的选择来制定决策时，他们会避免搜索额外的信息。在不确定的情境下，消费者对替代方案感到不适，避免改变他们的偏好。该研究对信息处理（启发式—系统式模型）、矛盾态度、矛盾心理和消费者行为的理论文献均有所贡献。旅游网站与酒店经营者可使用该研究成果，降低消费者对冲突性在线酒店评论的矛盾态度，从而吸引更多的消费者。

Siddiqi 等（2020）使用信息处理的启发式—系统式模型（Heuristic - Systematic Model，HSM），同时从线上、线下因素的角度考虑了冲突性酒店评论对矛盾态度的影响，以及矛盾态度如何影响消费者行为。研究检验了：①冲突性顾客星级评价（即启发式线索）与对酒店属性的意见（即系统式线索）如何引起矛盾态度；②线下人际信息影响如何调节冲突性评论与矛盾态度之间的关系。382 位住在中国北京的 3 星级与 4 星级酒店的入境游客的数据显示，冲突性星级评价与对酒店属性的意见对矛盾态度有正向影响，从而降低消费者对酒店服务的购买意向；研究还发现线下人际信息影响作为调节变量起到显著作用。该研究对信息处理、社会互动、矛盾态度和游客行为研究领域的理论有所贡献，同时对酒店管理者与旅游网站降低消费者矛盾态度、提高消费者对酒店服务的购买意向有策略管理意义。

Akhtar 等（2020a）提供了理论框架，详细阐述了游客对评论的事实性与可理解性的冲突特征的感知（在同一条酒店评论之内与在多条酒店评论之间）如何引发矛盾态度与心理不适，进而决定游客行为（选择推迟与酒店预订意向）；同时也调查了预期冲突性反应对冲突特征（感知评论事实性、感知评论可理解性）与消费者矛盾态度的关系的调节作用。在中国环境下，研究者们使用便利抽样方法，收集了 524 位已预订或已入住北京的 3 星级与 4 星级酒店的入境游客的数据，使用 IBM Amos 23.0 软件检验测量与结构模型，验证提出的变量之间的关系；同时使用 PROCESS macro 3.4 软件进行调节效应分析。研究发现：评论的冲突特征及其引起的矛盾态度影响消费者的不适，从而导致酒店选择的推迟决策；相反，消费者的不适对酒店预订意向却有正向影响；预期冲突性反应对冲突特征与消费者矛盾态度之间的关系起正向的调节作用。心理不适对酒店预订意向有显著的正向影响，这违背常理，可能的原因是：双重信息处理的系统式路径将引起消费者不适的影响降到最低，即使是在使用冲突性酒店评论的情况下，也能帮助他们发展积极的行为意向。消费者在心理上是品牌导向的，即使他们感觉不适，也会偏爱熟悉的品牌。该研究扩展了双元信息处理（即启发式—系统式模型）以及关于服务管理、心理行为、旅游中介和酒店公司的文献，同时对旅游中介与酒店促销策略有启示意义。

Akhtar 等（2020b）开发了一个冲突性在线酒店评论的研究模型，这些评论引发消费者的矛盾态度与心理不适，从而决定他们的行为。该研究检验了信息性（informativeness）与说服力（persuasiveness）的冲突性属性如何产生能引发心理不适的矛盾态度，以及预期冲突性反应如何调节冲突性属性与引起行为反应的态度矛盾之间的关系。该研究将模型应用于中国环境，在北京首都国际机场的 T2 与 T3 航站楼，从 476 位已入住或计划入住北京的 3 星级与 4 星级酒店的入境游客那里收集数据。研究结果揭示了冲突性属性对引发消费者不适的矛盾态度的正向影响，进而负向影响评价与正向影响使用意向；感知信息性通过矛盾态度与心理不适间接影响对评论的评价与对评论的使用意向；感知说服力的中介效应不显著；预期冲突性反应对冲突性属性与矛盾态度之间的关系起调节作用。心理不适正向影响对在线酒店评论的使用意向，这有违常理，可能的原因为：消费者的系统式信息处理减少了心理不适的原因并激发了行为意向；消费者在心理上与特定的酒店联系在一起，即使他们感到不适，却仍然更喜欢使用特定的酒店。该研究对信息处理、矛盾态度、心理学和消费者行为研究领域的理论与文献有新的贡献，同时对酒店管理者与旅游网站发展旅游营销策略有实践启示意义。

Siddiqi 和 Akhtar（2021）整合了同辈（peer）与专家的冲突性酒店信息（即新手与有经验的）以及它们对矛盾态度的影响。该研究的概念框架检验了：同辈（启发式线索）与专家（系统式线索）的冲突性酒店信息如何影响矛盾态度；经理的响应质量（系统式线索）如何调节同辈与专家的冲突性酒店信息对矛盾态度的影响；矛盾态度对购买意向的进一步影响。数据是在入境游客事先许可与自愿参与的情况下，在北京的 4 星级与 5 星级酒店的前台进行收集，共收集到 478 份有效问卷，采用 IBM Amos SPSS 软件进行数据分析。研究结果显示，同辈与专家的冲突性信息对矛盾态度有正向影响，而矛盾态度进一步降低购买意向。该研究还发现，经理的响应质量作为调节变量，在降低消费者矛盾态度上起调节作用。该研究对信息处理、消费者行为和酒店服务管理的研究进行了学术补充；同时对酒店经营者以及旅游与酒店评论网站营销策略提出了有益的启示，例如将同辈与专家酒店信息在网站的不同页面呈现，并根据经理的响应特征来评价其绩效。

小结以上，虽然近年来有学者在消费者旅游决策中，围绕消费者对冲突性在线酒店评论的矛盾态度与行为意向之间的关系进行了一系列研究，但是这些研究本质上还是探讨消费者矛盾态度对消费者酒店服务购买决策的影响，目前还没有发现有学者探索消费者矛盾态度对其出国旅游决策的影响。

第五节 对现有文献的评价与本书的研究内容

第一，大多数学者各自研究了在消费者购买决策中消费者善意与敌意分别对行为意向的影响，少量文献检验了消费者善意与敌意对购买意向的共同影响。近两年学者们开始探索在消费者出国旅游决策中消费者敌意的作用结果，也有少量文献检验了消费者善意对旅游意向的影响，但尚未发现有学者同时研究消费者善意与敌意在消费者出国旅游决策中的共同作用。由于消费者在其出国旅游决策中，常常同时持有对特定国家目的地的善意与敌意，因此这是一个值得研究的问题。而且相比于购买决策，出国旅游决策对消费者更重要，消费者的感知风险更高，因此消费者善意与敌意对消费者赴目标国的旅游意向可能有不同的影响机制。此外，在消费者善意与敌意这两个构念的测量方面，消费者对特定国家形成善意与敌意的原因不尽相同，但大多数学者却使用通用的量表对两者进行测量，因此有必要在开展定量研究之前，先进行探索性研究以探明某国的消费者对特定国家目的地的善意与敌意的成因，再有针对性地构建形成性测量模型开展实证研究。

第二，学者们重点研究了在消费者购买决策中，矛盾态度的成因及其对行为意向的影响。近两年有学者探索了在消费者旅游决策中矛盾态度对酒店服务购买意向的影响。但还没有发现有学者在消费者出国旅游决策中，研究消费者对特定国家目的地的矛盾态度的形成机理及其对旅游意向的影响机制。在现实中，消费者在一些情境下常常对特定国家目的地"爱恨交织"，这种矛盾态度是如何形成的？其形成有什么边界条件？在消费者购买决策中，消费者由于看到矛盾的评论信息等原因对商品、电商等产生矛盾态度。在消费者出国旅游决策中，消费者对目标国通常是持有善意的，但可能又因为历史、政治与外交纠纷和经济摩擦等原因对该国家持有敌意，此时消费者对该国家目的地的矛盾态度的形成机理与购买决策中矛盾态度的形成机理可能存在差异，因此这是一个值得继续深入研究的问题。此外如前面所述，相比于消费者购买决策，消费者出国旅游决策具有重要性高、感知风险性高等特点，消费者对特定国家目的地的矛盾态度如何影响消费者出国旅游决策？这是个重要的研究问题。

第三，虽然少量文献探讨了在消费者购买决策中，矛盾的消费者如何缓解其矛盾态度问题，但是主要考虑了外在信息特征对消费者矛盾态度缓解策略的影响，较少涉及消费者内在心理特征的影响。还没有其他学者研究矛盾的消费者如何在其出国旅游决策中缓解其矛盾态度。矛盾的消费者在其决策中的主要动机是缓解矛盾态度，相比于外在信息特征，内在心理特征对消费者矛盾态度缓解策略及其最终决策结果的影响可能更重要，因此这是个重要的研究问题。

针对现有文献的不足以及进一步研究的重要性，本书将开展如下研究。

第三章探索中国消费者对日本、韩国和美国目的地形成善意与敌意的原因，在此基础上构建研究模型，检验消费者的长期稳定性善意与敌意对消费者出国旅游决策的共同作用，分析调节聚焦对消费者善意/敌意对旅游意向的影响关系的调节作用。

第四章以消费者赴日旅游决策为研究情境，探索消费者善意与敌意对旅游意向的共同影响，分析目标国—母国文化接近性对消费者善意/敌意对旅游意向的影响关系的调节作用。

第五章调查美国消费者对中国目的地产生善意与敌意的缘由，使用形成性测量模型开展研究，检验消费者善意与敌意对旅游意向的共同影响机制，分析目的地形象与感知风险对消费者善意和敌意对旅游意向的影响关系的中介作用。

第六章以中国消费者赴日旅游决策为研究情境，探索消费者对特定国家目的地的矛盾态度的形成机理及其对出国旅游决策的影响机制，分析模糊容忍度对消费者矛盾态度形成的调节作用，并分析情感耗损对消费者矛盾态度与旅游意向的影响关系的中介作用。

第七章基于中国消费者赴日旅游决策背景，探索矛盾的消费者如何在其出国旅游决策中缓解其矛盾态度问题。主要研究正念对消费者矛盾态度形成的调节作用，分析思维模式与调节聚焦对消费者矛盾态度缓解策略的交互效应。

第三章 消费者善意与敌意对旅游意向的影响：调节聚焦的调节作用

第一节 理论基础与研究模型

一、矛盾态度理论

矛盾态度理论认为，态度是二元的，而不是一元的，积极与消极态度可以共存，不一定此消彼长（Kaplan，1972；Priester，Petty，1996）。基于矛盾态度理论，消费者对特定国家的敌意与消费者对该国作为旅游目的地的善意是两个独立的构念，而不是同一个构念的两个极端，两者可以并存，不一定此消彼长，两者可能共同影响消费者赴目标国家目的地的旅游意向。学者们发现，消费者敌意能直接降低消费者对来自敌意国的产品的购买意向（Klein et al.，1998）；学者们也证明，消费者善意可直接提高消费者对源于善意国的产品的购买意向（Bernard，Zarrouk – Karoui，2014）。旅游也可视为一种特殊的产品形式（郭功星 等，2016）。基于此，本书提出如下假设：

H3.1：消费者对特定国家目的地的善意正向影响消费者赴该国的旅游意向。

H3.2：消费者对特定国家目的地的敌意负向影响消费者赴该国的旅游意向。

二、矛盾论

矛盾论提出，无论什么矛盾，矛盾的诸方面，其发展是不平衡的。有时候似乎势均力敌，然而这只是暂时的和相对的情形，基本的形态则是不平衡。矛盾着的两方面中，必有一方面是主要的，他方面是次要的。其主要的方面，即所谓矛盾起主导作用的方面。事物的性质，主要由取得支配地位的矛盾的主要方面所规定（毛泽东，1937）。根据矛盾论，从长期来看，消费者善意与敌意是不平衡的。美国、日本和韩国分列中国人持消极态度最强烈的发达国家的第一位、第二位和第六位（Liu et al.，2020）；另一份报告则显示，高达81%的中国人对日本持有消极态度（Stokes，2016）。然而，中国旅游研究院发布的《中国出境旅游发展年度报告2020》却显示，日本、韩国和美国高居中国消费者最喜欢的出境旅游目的地的第三位、第四位和第六名。可见从长期来看，消费者善意是矛盾的主要方面，消费者敌意则是矛盾的次要方面。矛盾态度理论认为，只有当积极与消极态度均达到一定强烈程度且旗鼓相当时，矛盾态度才会产生（Kaplan，1972；Priester，Petty，1996）。结合矛盾论与矛盾态度理论，在一般情形下，消费者善意强于消费者敌意，消费者不会形成对特定国家目的地的较强烈的矛盾态度。消费者出国旅游决策，主要由消费者善意所决定。根据以上推论，本书提出以下假设：

H3.3：在一般情形下，消费者对特定国家作为旅游目的地的善意强于其对该国的敌意。

H3.4：消费者善意对旅游意向的正向影响强于消费者敌意对旅游意向的负向影响。

三、调节聚焦理论

调节聚焦理论（regulatory focus theory）认为，促进调节聚焦（promotion focus）的个体更关注事物的积极方面，趋于追求正面结果（获得、希望和成就等）；预防调节聚焦（prevention focus）的个体则更关注事物的消极方面，更想规避负面结果（风险、安全和责任等）（Higgins，1997；Higgins et al.，2001；张黎 等，2011）。基于调节聚焦理论，促进调节聚焦的消费者更关注自己对特定国家目的地的积极情感；而预防调节聚焦的消费者更关心自己对特定国家的消极情感。消费者善意是消费者对特定国家的积极情感（Asseraf, Shoham, 2017）；消费者敌意为消费者对特定国家的消极情感（Riefler, Diamantopoulos, 2007）。因此，调节聚焦可能对消费者善意与敌意和旅游意向之间的关系起调节作用。依照以上逻辑，本研究提出如下假设：

H3.5：促进调节聚焦能够加强消费者善意对旅游意向的正向影响。

H3.6：预防调节聚焦可以加强消费者敌意对旅游意向的负向影响。

四、消费者善意与敌意的引致因素

《中国出境旅游发展年度报告2020》显示，中国消费者最喜爱的旅游目的地包括日本、韩国和美国（分列第三位、第四位、第六位）；与此同时，中国消费者最憎恨的国家也包括美国、日本和韩国（分居第一位、第二位、第六位）（Liu et al., 2020）。可见，中国消费者对日本、美国和韩国目的地同时持有较强烈的"爱恨交织"情感。因此，本书选择中国消费者赴日、赴美和赴韩旅游决策作为研究情境。

消费者对不同国家产生敌意的主要原因是不一样的（Alvarez et al., 2020；Sánchez et al., 2018）；与之类似，消费者对不同国家目的地形成善意的主要原因也有所区别（杨一翁，2018）。基于此，项目组在旅行社、国际机场和旅游景点等地对500多位计划出国旅游的中国消费者进行了访谈与问卷调查。结果显示：中国消费者对日本形成敌意的主要原因为历史与战争（59%）、政治与外交（28%）；中国消费者对日本目的地产生善意的重要原因是人民及其生活方式（31%）、风景（29%）和文化（18%）。中国消费者对美国产生敌意的重要原因为政治与外交（54%）、军事与战争（16%）；中国消费者对美国目的地形成善意的主要原因是发达的商业经济（34%）、生活方式与心态（23%）、优美的风景与迷人的文化（20%）。中国消费者对韩国形成敌意的主要原因是政治、军事和外交（48%）、韩国人（33%）；中国消费者对韩国目的地产生善意的主要原因为完善的旅游服务（38%）、地理位置接近（21%）和优美的风景（14%）。

根据现有文献所推荐的测量模型（Nes et al., 2014；Riefler, Diamantopoulos, 2007）推荐的研究模型，本书构建中国消费者赴日、赴美和赴韩旅游决策模型分别如图3-1、图3-2和图3-3所示。

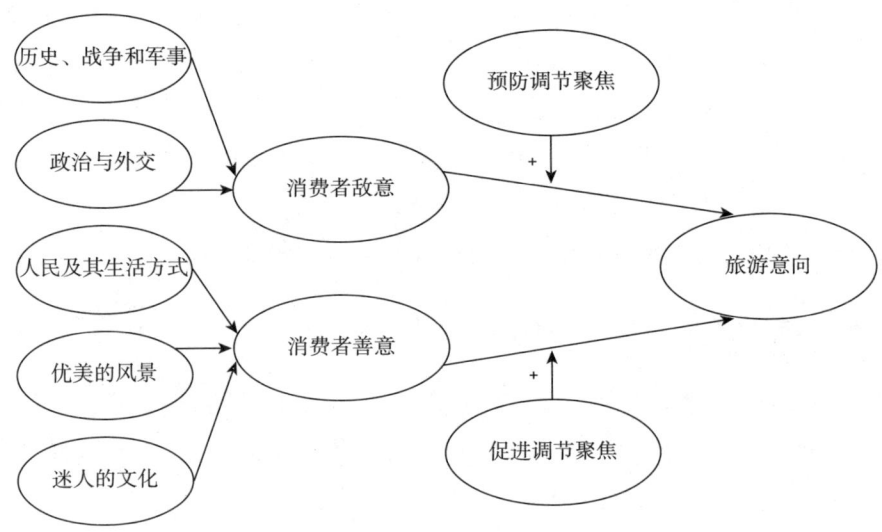

图 3-1 中国消费者赴日旅游决策模型

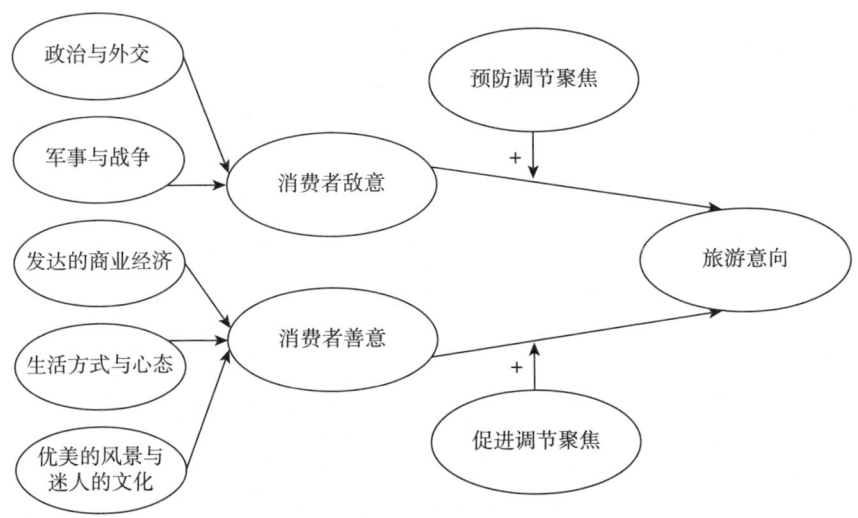

图 3-2 中国消费者赴美旅游决策模型

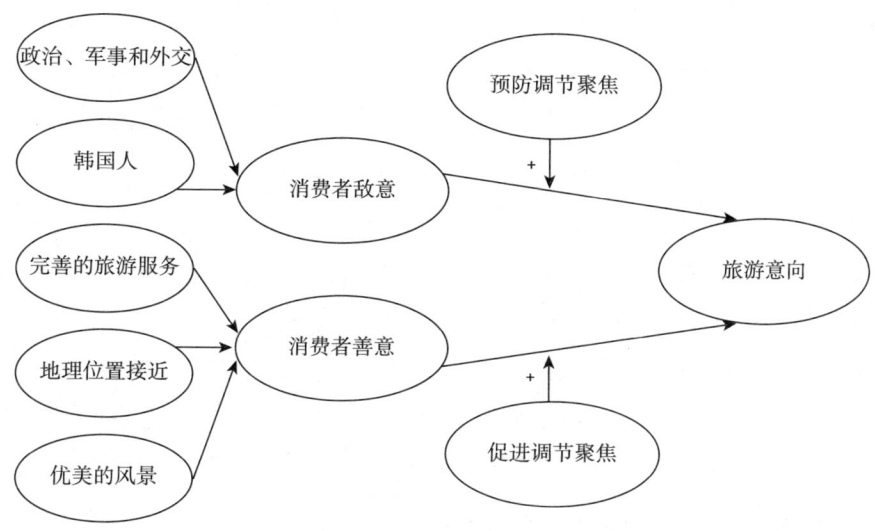

图 3-3 中国消费者赴韩旅游决策模型

第二节 研究方法

一、问卷设计

1. 中国消费者赴日旅游决策问卷设计

问卷中所有测项均源自现有文献，根据中国消费者赴日旅游的研究情境进行了一定的修订。历史、战争和军事敌意包括"我对日本不正视历史感到愤怒"等 3 个测项（Klein，2002）；政治与外交敌意由"我感觉日本对中国的国家安全是一个威胁"等 3 个测项来测量（Lee，Lee，2013）；消费者敌意用"我对日本感到愤怒"等 3 个测项进行测量（Klein，2002）；优美的风景由"我被日本美丽的自然景点所打动"等 3 个测项组成（Bernard，Zarrouk - Karoui，2014）；人民及其生活方式含有"我欣赏日本人的生活方式"等 3 个测项（Nes et al.，2014）；迷人的文化包括 3 个测项，如"我对日本的历史充满热情"（Bernard，Zarrouk - Karoui，2014）；消费者善意含"我喜欢日本旅游目的地"等 3 个测项（Nes et al.，2014）；促进调节聚焦包括"我已完成的事情总是激励我更努力地工作"等 6 个测项（Higgins et al., 2001）；预防调节聚焦由"我总是遵守父母制定的规章制度"等 5 个测项组成（Higgins et al., 2001）；旅游意向由 3 个测项组成，如"我预测未来我会去日本旅游"（Lu et al., 2016）。以上构念均使用 7 点李克特量表进行测量，1 ＝ "完全不同意"；7 ＝ "完全同意"。

2. 中国消费者赴美旅游决策问卷设计

所有的测项均来自现有文献，根据中国消费者赴美旅游的研究情境进行了适当的调整。政治与外交敌意由"我不喜欢美国频繁干涉外国政治"等 3 个测项组成（Riefler, Diamantopoulos, 2007）；军事与战争敌意包括 2 个测项，如"我不喜欢美国卷入战争"（Nes et al., 2012）；发达的商业经济由"美国是世界经济领袖"（Wongtada et al., 2012）等 3 个测项组成；优美的风景与迷人的文化包括"美国有很多壮丽的景观"（Bernard, Zarrouk-Karoui, 2014; Oberecker et al., 2008）等 4 个测项。其他构念的测量与中国消费者赴日旅游决策问卷类似，此处省略。

3. 中国消费者赴韩旅游决策问卷设计

所有的测项均根据现有文献以及中国消费者赴韩旅游的研究情境进行适当修改。政治、军事和外交敌意包括"'萨德入韩'对中国的国家安全是一种威胁"等 4 个测项（Ettenson, Klein, 2005）；对韩国人的敌意含"我不喜欢韩国人的优越心理"等 4 个测项（Nes et al., 2012）；完善的旅游服务包括 4 个测项，如"韩国有众多购物场所"（张静儒 等, 2015）；地理位置接近包括"便利的交通使到韩国旅游容易"等 3 个测项（Su et al., 2011; 刘力 等, 2014）。其他构念的测量与中国消费者赴日、赴美决策问卷相似，不做赘述。

二、数据收集

项目组在 AskForm 问智道在线平台上设计与发布问卷，使用滚雪球抽样法（Baltar et al., 2012; Campo, Alvarez, 2019），通过微信发送给喜欢旅游、有过出国旅游经历的亲朋好友填写，并请他们将问卷转发给之前在出国旅游过程中结识的好友填写。项目组分别收回中国消费者赴日、赴美和赴韩旅游决策问卷 277 份、273 份和 222 份。样本信息由于本书篇幅有限，此处省略。

三、统计分析方法

本书构建的3个结构模型较复杂,均含10个构念(见图3-1至图3-3),偏最小二乘结构方程模型(PLS-SEM)在处理复杂的结构模型时独具优势(Hair et al., 2014);此外,个别构念在经信度与效度检验并对测项进行处理之后可能只剩下不到3个测项,而PLS-SEM对测项的数量没有要求(Hair et al., 2014)。因此,本研究主要使用PLS-SEM v.3.2.7软件进行数据分析。当检验调节效应时,旅游意向这个构念被4个箭头所指到,为所有构念中最多(见图3-1至图3-3)。在$\alpha=0.05$的显著性水平下,要检验出最小0.10的R^2值,最小样本量为137个(Hair et al., 2014)。中国消费者赴日、赴美和赴韩决策问卷的样本量分别为277份、273份和222份,均满足要求。

第三节 数据分析

本研究参考PLS-SEM的权威文献进行数据分析(Hair et al., 2014;萧文龙, 2013)。由于篇幅有限,测量模型(外模型)的检验报告在此处省略。信度检验、效度检验、数据同源偏差检验和多重共线性检验表明测量模型没有问题。下面报告结构模型(内模型)的数据分析结果。

一、中国消费者赴日旅游决策数据分析

本研究运用PLS-SEM v.3.2.7软件,采用Bootstrapping抽样5000次(Hair et al., 2014),得到结构模型(内模型)的路径分析与假设检验结果。由于篇幅有限,以下报告主要的数据分析结果,如表3-1所示。

表3-1 中国消费者赴日旅游决策结构模型路径系数的显著性检验

结构模型影响路径	路径系数	t值	p值	结果
消费者善意→旅游意向	0.590	11.340	0.000	显著
消费者敌意→旅游意向	-0.237	4.467	0.000	显著

注:检验类型为双尾检验,显著性水平$\alpha=0.05$。

如表3-1所示,消费者善意显著地正向影响旅游意向;消费者敌意显著

地负向影响旅游意向，假设 H3.1、H3.2 得到支持。

消费者善意对旅游意向的正向影响（0.590）大于消费者敌意对旅游意向的负向影响（-0.237），假设 H3.4 得到支持。

运用 SPSS 18.0 软件进行配对样本 t 检验，结果表明，消费者善意的均值（4.67）显著地大于消费者敌意的均值（4.06）（$p=0.000$），假设 H3.3 得到支持。

本研究运用 PLS-SEM v.3.2.7 软件，使用乘积指标（product indicator）计算方法与非标准化（unstandardized）乘积项生成方法生成以促进调节聚焦为调节变量、以消费者善意为自变量、以旅游意向为因变量的调节效应构念 1。在对测量模型（外模型）进行检验并进行相应处理之后（由于篇幅有限，此处省略），本研究对包含调节效应构念 1 的结构模型，采用 Bootstrapping 抽样 5000 次（Hair et al., 2014），得到调节效应检验结果，如表 3-2 所示。

表 3-2　中国消费者赴日旅游决策中促进调节聚焦的调节效应检验

结构模型影响路径	路径系数	t 值	p 值	结果
调节效应构念 1→旅游意向	-0.035	1.853	0.064	边界显著
促进调节聚焦→旅游意向	0.261	2.074	0.038	显著
消费者善意→旅游意向	0.766	5.861	0.000	显著

注：检验类型为双尾检验，显著性水平 $\alpha=0.05$。

由表 3-2 可知，调节效应构念 1 对旅游意向的负向影响为边界显著，即促进调节聚焦会在一定程度上减弱消费者善意对旅游意向的正向影响，这与我们预计的影响方向相反，假设 H3.5 没有得到支持。另外，促进调节聚焦对旅游意向的直接正向影响是显著的。

本研究运用 PLS-SEM v.3.2.7 软件，使用乘积指标计算方法与均值中心化（mean centered）乘积项生成方法生成以预防调节聚焦为调节变量、以消费者敌意为自变量、以旅游意向为因变量的调节效应构念 2。在对测量模型（外模型）进行检验并进行相应处理之后（由于篇幅有限，此处省略），本研究对包含调节效应构念 2 的结构模型，采用 Bootstrapping 抽样 5000 次（Hair et al., 2014），得到调节效应检验结果，如表 3-3 所示。

表 3-3　中国消费者赴日旅游决策中预防调节聚焦的调节效应检验

结构模型影响路径	路径系数	t 值	p 值	结果
调节效应构念2→旅游意向	0.062	1.668	0.095	边界显著
预防调节聚焦→旅游意向	0.030	0.470	0.638	不显著
消费者敌意→旅游意向	-0.237	5.071	0.000	显著

注：检验类型为双尾检验，显著性水平 $\alpha = 0.05$。

由表 3-3 可知，调节效应构念 2 对旅游意向的正向影响为边界显著，即预防调节聚焦能在一定程度上加强消费者敌意对旅游意向的负向影响，假设 H3.6 得到一定程度的支持。

二、中国消费者赴美旅游决策数据分析

中国消费者赴美旅游决策的数据分析过程与前面类似，由于篇幅有限，重复之处不再报告，此处主要报告结构模型（内模型）的数据分析结果，如表 3-4 所示。

表 3-4　中国消费者赴美旅游决策结构模型路径系数的显著性检验

结构模型影响路径	路径系数	t 值	p 值	结果
消费者善意→旅游意向	0.635	13.118	0.000	显著
消费者敌意→旅游意向	-0.153	3.320	0.001	显著

注：Bootstrapping 抽样 5000 次，检验类型为双尾检验，显著性水平 $\alpha = 0.05$。

如表 3-4 所示，消费者善意显著地正向影响旅游意向；消费者敌意显著地负向影响旅游意向，假设 H3.1、H3.2 再次得到支持。

消费者善意对旅游意向的正向影响（0.635）大于消费者敌意对旅游意向的负向影响（-0.153），假设 H3.4 再次得到支持。

配对样本 t 检验的结果显示，消费者善意的均值（4.53）显著地大于消费者敌意的均值（4.00）（$p = 0.000$），假设 H3.3 再次得到支持。

调节效应构念 3 与调节效应构念 4 的生成与检验过程与前面论述类似，此处不再重复，下面主要报告调节效应检验结果，如表 3-5 与表 3-6 所示。

表 3-5　中国消费者赴美旅游决策中促进调节聚焦的调节效应检验

结构模型影响路径	路径系数	t 值	p 值	结果
调节效应构念 3→旅游意向	0.010	0.075	0.940	不显著
促进调节聚焦→旅游意向	0.032	0.333	0.739	不显著
消费者善意→旅游意向	0.619	10.688	0.000	显著

注：Bootstrapping 抽样 5000 次，检验类型为双尾检验，显著性水平 $\alpha=0.05$。

由表 3-5 可知，调节效应构念 3 对旅游意向的正向影响不显著，即促进调节聚焦不能加强消费者善意对旅游意向的正向影响，假设 H3.5 没有得到支持。

表 3-6　中国消费者赴美旅游决策中预防调节聚焦的调节效应检验

结构模型影响路径	路径系数	t 值	p 值	结果
调节效应构念 4→旅游意向	0.005	0.337	0.736	不显著
预防调节聚焦→旅游意向	-0.064	1.406	0.160	不显著
消费者敌意→旅游意向	-0.151	3.175	0.002	显著

注：Bootstrapping 抽样 5000 次，检验类型为双尾检验，显著性水平 $\alpha=0.05$。

由表 3-6 可知，调节效应构念 4 对旅游意向的正向影响不显著，即预防调节聚焦不能加强消费者敌意对旅游意向的负向影响，假设 H3.6 没有得到支持。

三、中国消费者赴韩旅游决策数据分析

中国消费者赴韩旅游决策数据分析过程与前面类似，受篇幅限制，这里不再重复，而主要报告结构模型（内模型）的数据分析结果，如表 3-7 所示。

表 3-7　中国消费者赴韩旅游决策结构模型路径系数的显著性检验

结构模型影响路径	路径系数	t 值	p 值	结果
消费者善意→旅游意向	0.548	8.929	0.000	显著
消费者敌意→旅游意向	-0.265	4.503	0.000	显著

注：Bootstrapping 抽样 5000 次，检验类型为双尾检验，显著性水平 $\alpha=0.05$。

如表 3-7 所示，消费者善意显著地正向影响旅游意向；消费者敌意显著地负向影响旅游意向，假设 H3.1、H3.2 第三次得到支持。

消费者善意对旅游意向的正向影响（0.548）大于消费者敌意对旅游意向的负向影响（-0.265），假设 H3.4 第三次得到支持。

配对样本 t 检验的结果显示,消费者善意的均值(4.12)与消费者敌意的均值(4.24)的差异不显著($p=0.302$),假设 H3.3 没有得到支持。

调节效应构念 5 与调节效应构念 6 的生成与检验过程与前面论述类似,此处不再重复,下面报告调节效应检验结果,如表 3-8 与表 3-9 所示。

表 3-8　中国消费者赴韩旅游决策中促进调节聚焦的调节效应检验

结构模型影响路径	路径系数	t 值	p 值	结果
调节效应构念 5→旅游意向	-0.014	0.614	0.539	不显著
促进调节聚焦→旅游意向	0.142	0.881	0.379	不显著
消费者善意→旅游意向	0.618	3.185	0.001	显著

注:Bootstrapping 抽样 5000 次,检验类型为双尾检验,显著性水平 $\alpha=0.05$。

由表 3-8 可知,调节效应构念 5 对旅游意向的负向影响不显著,即促进调节聚焦不能加强消费者善意对旅游意向的正向影响,假设 H3.5 没有得到支持。

表 3-9　中国消费者赴韩旅游决策中预防调节聚焦的调节效应检验

结构模型影响路径	路径系数	t 值	p 值	结果
调节效应构念 6→旅游意向	-0.047	0.735	0.462	不显著
预防调节聚焦→旅游意向	-0.029	0.158	0.874	不显著
消费者敌意→旅游意向	-0.258	4.426	0.000	显著

注:Bootstrapping 抽样 5000 次,检验类型为双尾检验,显著性水平 $\alpha=0.05$。

由表 3-9 可知,调节效应构念 6 对旅游意向的负向影响不显著,即预防调节聚焦不可加强消费者敌意对旅游意向的负向影响,假设 H3.6 没有得到支持。

第四节　研究结论

本研究基于矛盾态度理论、矛盾论和调节聚焦理论,分别以中国消费者赴日、赴美和赴韩旅游决策为研究情境,构建了中国消费者赴日、赴美和赴韩旅游决策模型,使用问卷调查法面向中国消费者收集了 3 套数据,主要运用结构方程模型与调节效应分析进行数据分析,检验并比较了消费者善意与敌意对旅游意向的影响,分析了调节聚焦对消费者善意/敌意与旅游意向之间关系的调节作用,得到如下研究结论。

第一,在消费者出国旅游决策中,消费者对特定国家的敌意与消费者对该国作为旅游目的地的善意共同影响消费者赴该国家目的地的旅游意向。中国消费者赴日、赴美和赴韩旅游决策的3套数据分析结果均显示,消费者善意显著地正向影响旅游意向;消费者敌意显著地负向影响旅游意向。这表明,在消费者出国旅游决策中,消费者善意能够增强旅游意向,同时消费者敌意也会减弱旅游意向,两者的作用均不容忽视。

第二,在一般情形下制定出国旅游决策时,消费者对特定国家目的地的善意强于消费者对该国的敌意;消费者善意在消费者出国旅游决策中起主导作用。中国消费者赴日、赴美决策的两套数据分析结果均显示,消费者善意对旅游意向的影响显著地强于消费者敌意;而中国消费者赴韩旅游决策的数据分析结果却显示,消费者善意与敌意的差异不显著,这可能与数据调查时间距"萨德入韩"不久,中国消费者对韩国的敌意(情境性敌意)正好比较强烈相关。中国消费者赴日、赴美和赴韩旅游决策的3套数据都显示,消费者善意对旅游意向的正向影响远强于消费者敌意对旅游意向的负向影响(绝对值在其两倍以上),这表明在一般情形下,消费者出国旅游决策的结果主要由消费者对目标国的善意所决定的。

第三,长期促进调节聚焦不能加强消费者善意对旅游意向的正向影响;长期预防调节聚焦或可在一定程度上加强消费者敌意对旅游意向的负向影响。中国消费者赴日、赴美和赴韩旅游决策的3套数据分析结果均显示,预防调节聚焦对消费者善意与旅游意向之间关系的正向调节效应在 $\alpha=0.05$ 的显著性水平下不显著;只有中国消费者赴日旅游决策的数据显示,促进调节聚焦对消费者敌意与旅游意向之间关系的正向调节作用为边界显著($p=0.095$),其他两套数据分析结果为不显著。研究结果与之前的假设有差别,原因可能与调节聚焦的测量有关。本书使用的是西方学者开发的调节聚焦量表(Higgins et al.,2001),其在中国情境下研究的适应性尚不明确,因此未来有必要开发更适合中国情境的调节聚焦量表。另外,本书测量的是长期倾向调节聚焦(许雷平等,2012)。建议未来的研究使用实验研究方法,设计情境材料启动消费者的短期情境性调节聚焦,再次验证短期情境调节聚焦对消费者善意/敌意与旅游意向之间关系的调节作用。

第四章 消费者善意与敌意对旅游意向的影响：文化接近性的调节作用

第一节 理论基础与研究模型

本章的理论基础为社会认同理论（social identity theory）。社会认同理论认为，个体愿意将自己归入某个群体（Turner et al.，1987），并自然地将他人分为内群体与外群体（Myers，2014）。个体容易产生内群体偏差，即认为"我们"优秀，而"他们"糟糕（Myers，2014）。消费者倾向于把与母国文化接近性高的国家归入内群体；把文化接近性低的国家归入外群体（Ma et al.，2012）。基于社会认同理论，当目标国—母国文化接近性较高时，消费者对目标国的积极情感更突出；当目标国—母国文化接近性较低时，消费者对目标国的消极情感更突出。因此，目标国—母国文化接近性可能增强消费者善意对消费者赴目标国旅游意向的正向影响；减弱消费者敌意对消费者赴目标国旅游意向的负向影响。文化接近性包括四个方面：人际文化接近性、家庭文化接近性、地理文化接近性和孝道文化接近性（Su et al.，2011；刘力 等，2014）。基于以上逻辑，本书提出如下假设：

H4.1：文化接近性对消费者善意与旅游意向之间的影响关系起正向调节作用。

H4.1a：人际文化接近性增强消费者善意对旅游意向的正向影响。

H4.1b：家庭文化接近性增强消费者善意对旅游意向的正向影响。

H4.1c：地理位置接近性增强消费者善意对旅游意向的正向影响。

H4.1d：孝道文化接近性增强消费者善意对旅游意向的正向影响。

H4.2：文化接近性对消费者敌意与旅游意向之间的影响关系起负向调节作用。

H4.2a：人际文化接近性减弱消费者敌意对旅游意向的负向影响。

H4.2b：家庭文化接近性减弱消费者敌意对旅游意向的负向影响。

H4.2c：地理位置接近性减弱消费者敌意对旅游意向的负向影响。

H4.2d：孝道文化接近性减弱消费者敌意对旅游意向的负向影响。

消费者对特定国家的敌意是动态变化的（Lee，Lee，2013）。本项研究以中国消费者赴日旅游决策为研究情境，在项目组收集本项研究的数据时，中国与日本正发生较为激烈的经济摩擦，所以我们在图3－1的基础上补充了经济敌意这个消费者敌意的引致因素，消费者善意与敌意的其他引致因素基本保持不变。依据现有文献所推荐的测量模型（Nes et al.，2014；Riefler，Diamantopoulos，2007）推荐的研究模型，构建研究模型如图4－1所示。

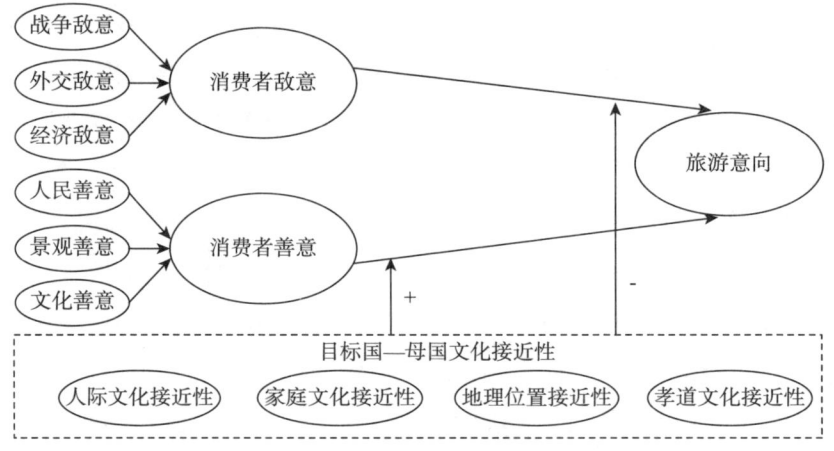

图4－1 研究模型

注：消费者敌意与善意均为二阶形成性构念。战争、外交和经济敌意是消费者敌意的引致因素；人民、景观和文化善意是消费者善意的引致因素。

第二节 研究方法

一、问卷设计

问卷中的所有测项均源自现有文献,根据中国消费者赴日旅游的研究情境进行了适当的修订。消费者敌意为二阶构念,包括3个一阶构念:战争敌意、外交敌意和经济敌意,它们的测项来源于文献(Harmeling et al.,2015;Klein,2002;Lee,Lee,2013)。消费者善意同样是二阶构念,包含了3个一阶构念:人民善意、景观善意和文化善意,它们的测项源于现有文献的成熟量表(Asseraf,Shoham,2017;Bernard,Zarrouk – Karoui,2014;Nes et al.,2014)。目标国—母国文化接近性包括四个方面:人际文化接近性、家庭文化接近性、地理位置接近性和孝道文化接近性,它们的测项来自文献(Su et al.,2011;刘力 等,2014)。旅游意向的量表源自文献(Lu et al.,2016)。以上构念均使用7点李克特量表进行测量,1 = "完全不同意";7 = "完全同意"。

二、数据收集

本研究通过 AskForm 问智道在线平台设计与发布问卷,使用滚雪球抽样法(Baltar et al.,2012;Campo,Alvarez,2019),通过微信发送给喜欢旅游的亲朋好友,请他们帮忙把问卷发送给在旅游过程中结识的人。为确保调查对象为计划出国旅游的消费者,本研究在问卷开头设置了一句话:"如果您计划未来出国旅游,请填写本问卷;如果没有计划,请不要填写,以免对研究结果造成干扰。"项目组收回问卷336份,通过3道判别性的反向问项排除回答明显自相矛盾的样本,得到有效问卷291份,有效问卷回收率为86.6%。由于篇幅有限,样本特征在此省略。

三、统计分析方法

本研究构建的结构模型较复杂,共含13个构念,其中消费者敌意(含3个一阶构念)与消费者善意(含3个一阶构念)均为二阶构念(见图4-1),

偏最小二乘结构方程模型（PLS-SEM）在处理复杂的结构模型时独具优势（Hair et al.，2014）。因此，本章主要使用 PLS-SEM v.3.2.6 软件进行数据分析。当检验调节效应时，旅游意向这个构念被 4 个箭头所指到，为所有构念中最多（见图 4-1）。在 $\alpha=0.05$ 的显著性水平下，要检验出最小 0.10 的 R^2 值，最小样本量为 137 个（Hair et al.，2014）。本研究的有效样本量为 291 个，满足要求。

第三节 数据分析

本研究参考 PLS-SEM 的权威文献进行数据分析（Hair et al.，2014；萧文龙，2013）。旅游意向、人际文化接近性、家庭文化接近性、地理位置接近性和孝道文化接近性这 5 个构念为反映性构念，根据文献推荐的方法（Hair et al.，2014）进行反映性测量模型评估；而消费者善意与敌意这两个构念均为二阶形成性构念，根据文献推荐的方法进行形成性测量模型评估（Hair et al.，2014）。由于篇幅有限，测量模型（外模型）的检验报告在此处省略，无论是反映性测量模型还是形成性测量模型，均满足相关要求（Hair et al.，2014）。下面报告结构模型（内模型）的主要数据分析结果。

一、路径系数及其显著性检验

本研究运用 PLS-SEM v.3.2.6 软件，采用 Bootstrapping 抽样 5000 次（Hair et al.，2014），得到结构模型（内模型）的路径分析结果。由于篇幅有限，以下报告主要的数据分析结果，如表 4-1 所示。

表 4-1 结构模型路径系数的显著性检验

结构模型影响路径	路径系数	t 值	p 值	检验结果
消费者善意→旅游意向	0.711	18.146	0.000	显著
消费者敌意→旅游意向	-0.112	2.291	0.022	显著

注：检验类型为双尾检验，显著性水平 $\alpha=0.05$。

如表 4-1 所示，消费者善意显著地正向影响旅游意向，消费者敌意显著地负向影响旅游意向，消费者善意对旅游意向的正向影响（0.711）明显大于消费者敌意对旅游意向的负向影响（-0.112），结果与第三章的分析结果相似，表明本书的研究结论是稳健的。

二、文化接近性的调节效应检验

1. 人际文化接近性的调节效应检验

由于消费者善意与敌意均为形成性构念，本研究使用两阶段计算方法检验调节效应（Hair et al., 2014）。根据文献建议的方法（Hair et al., 2014），本研究运用 PLS-SEM v.3.2.6 软件，使用以均值为中心产生乘积项的方法，生成以消费者善意为自变量，以旅游意向为因变量，以人际文化接近性为调节变量的调节效应构念1；同时生成以消费者敌意为自变量，以旅游意向为因变量，以人际文化接近性为调节变量的调节效应构念2。人际文化接近性为反映性构念。本研究首先进行反映性测量模型评估，发现信度、收敛效度和区别效度均良好（由于篇幅限制，此处省略）。根据文献的建议（Hair et al., 2014），本研究采用 Bootstrapping 抽样5000次，得到检验结果，如表4-2所示。

表4-2 人际文化接近性的调节效应检验

结构模型路径	路径系数	t值	p值	检验结果
调节效应构念1→旅游意向	-0.041	1.522	0.129	不显著
调节效应构念2→旅游意向	-0.067	1.719	0.086	显著
人际文化接近性→旅游意向	-0.024	0.703	0.483	不显著

注：检验类型为双尾检验，显著性水平 $\alpha=0.1$。

如表4-2所示，在 $\alpha=0.1$ 的显著性水平下，人际文化接近性对消费者善意与旅游意向之间关系的正向调节效应不显著，H4.1a 没有得到支持；人际文化接近性对消费者敌意与旅游意向之间关系的负向调节效应显著，H4.2a 得到支持；人际文化接近性对旅游意向的直接影响不显著。

2. 家庭文化接近性的调节效应检验

与前述方法相同，本研究生成以消费者善意为自变量，以旅游意向为因变量，以家庭文化接近性为调节变量的调节效应构念3；同时生成以消费者敌意为自变量，以旅游意向为因变量，以家庭文化接近性为调节变量的调节效应构念4。使用同样的检验方法，得到检验结果，如表4-3所示。

表4-3 家庭文化接近性的调节效应检验

结构模型路径	路径系数	t 值	p 值	检验结果
调节效应构念3→旅游意向	-0.036	1.215	0.225	不显著
调节效应构念4→旅游意向	-0.064	1.683	0.093	显著
家庭文化接近性→旅游意向	-0.009	0.440	0.660	不显著

注：Bootstrapping 抽样5000次，检验类型为双尾检验，显著性水平 $\alpha = 0.1$。

如表4-3所示，在 $\alpha = 0.1$ 的显著性水平下，家庭文化接近性对消费者善意与旅游意向之间关系的正向调节效应不显著，H4.1b 没有得到支持；家庭文化接近性对消费者敌意与旅游意向之间关系的负向调节效应显著，H4.2b 得到支持；家庭文化接近性对旅游意向的直接影响不显著。

3. 地理位置接近性的调节效应检验

与前述方法相同，本研究生成以消费者善意为自变量，以旅游意向为因变量，以地理位置接近性为调节变量的调节效应构念5；同时生成以消费者敌意为自变量，以旅游意向为因变量，以地理位置接近性为调节变量的调节效应构念6。使用同样的检验方法，得到检验结果，如表4-4所示。

表4-4 地理位置接近性的调节效应检验

结构模型路径	路径系数	t 值	p 值	检验结果
调节效应构念5→旅游意向	-0.019	0.514	0.608	不显著
调节效应构念6→旅游意向	-0.039	0.836	0.404	不显著
地理位置接近性→旅游意向	0.118	2.472	0.014	显著

注：Bootstrapping 抽样5000次，检验类型为双尾检验，显著性水平 $\alpha = 0.1$。

如表4-4所示，在 $\alpha = 0.1$ 的显著性水平下，地理位置接近性对消费者善意与旅游意向之间关系的正向调节效应不显著，H4.1c 没有得到支持；地理位置接近性对消费者敌意与旅游意向之间关系的负向调节效应也不显著，H4.2c 没有得到支持；值得注意的是，地理位置接近性对旅游意向的直接影响是显著的。

4. 孝道文化接近性的调节效应检验

与前述方法相同，本研究生成以消费者善意为自变量，以旅游意向为因变量，以孝道文化接近性为调节变量的调节效应构念7；同时生成以消费者敌意为自变量，以旅游意向为因变量，以孝道文化接近性为调节变量的调节效应构念8。使用同样的检验方法，得到检验结果，如表4-5所示。

表4-5 孝道文化接近性的调节效应检验

结构模型路径	路径系数	t 值	p 值	检验结果
调节效应构念7→旅游意向	-0.012	0.233	0.816	不显著
调节效应构念8→旅游意向	-0.030	0.549	0.584	不显著
孝道文化接近性→旅游意向	0.152	3.551	0.000	显著

注：Bootstrapping抽样5000次，检验类型为双尾检验，显著性水平 $\alpha=0.1$。

如表4-5所示，在 $\alpha=0.1$ 的显著性水平下，孝道文化接近性对消费者善意与旅游意向之间关系的正向调节效应不显著，H4.1d没有得到支持；孝道文化接近性对消费者敌意与旅游意向之间关系的负向调节效应不显著，H4.2d没有得到支持；而孝道文化接近性对旅游意向的直接影响是显著的。

三、总效应检验

由于地理位置接近性与孝道文化接近性直接显著地影响旅游意向（见表4-4与表4-5），本研究检验消费者善意、消费者敌意、地理位置接近性和孝道文化接近性对旅游意向的总效应，以下报告主要的数据分析结果，如表4-6所示。

表4-6 总效应检验

结构模型路径	总效应	t 值	p 值	检验结果
消费者善意→旅游意向	0.622	12.373	0.000	显著
消费者敌意→旅游意向	-0.094	1.893	0.058	边界显著
地理位置接近性→旅游意向	0.132	2.732	0.006	显著
孝道文化接近性→旅游意向	0.062	1.196	0.232	不显著

注：Bootstrapping抽样5000次，检验类型为双尾检验，显著性水平 $\alpha=0.05$；总效用=直接效应+间接效应。

如表4-6所示，消费者善意与地理位置接近性对旅游意向的总效应是显著的，消费者敌意对旅游意向的总效应为边界显著，三者的大小依次为：消费者善意（0.622）＞地理位置接近性（0.132）＞消费者敌意（-0.094）；孝道文化接近性对旅游意向的总效应不显著。

四、解释力检验

当研究消费者行为问题时,R^2 值为 0.20,表示较强的解释力(Hair et al., 2014)。在本研究构建的结构模型中,旅游意向的 R^2 值为 0.588,消费者善意的 R^2 值为 0.994,消费者敌意的 R^2 值为 0.993,以上表明当使用消费者善意与敌意的二阶形成性测量模型时,结构模型的解释力很强。

第四节　研究结论

本研究基于社会认同理论,以中国消费者赴日旅游决策为研究情境,构建了消费者善意与敌意对旅游意向的影响模型,分析文化接近性的调节作用,使用问卷调查法收集数据,主要运用结构方程模型与调节效应检验进行数据分析,检验了目标国—母国文化接近性对消费者善意/敌意与旅游意向之间关系的调节作用,得到如下研究结论。

第一,在消费者出国旅游决策中,文化接近性可在一定程度上减弱消费者敌意对旅游意向的负面影响;但文化接近性却不能进一步增强消费者善意对旅游意向的正面影响。消费者倾向于把与其母国在人际与家庭文化上接近性高的国家归入内群体,这使人际与家庭文化接近性在一定程度上减弱了消费者敌意对旅游意向的负面影响。地理位置接近性直接正向影响旅游意向,这一结果较容易理解,由于成本、时间和便利性等原因,消费者更喜欢去离其母国较近的目标国旅游。例如,据中国旅游研究院发布的《中国出境旅游发展年度报告2020》,2019 年中国(内地)出国旅游国家目的地前十二位依次为:越南、泰国、日本、韩国、缅甸、美国、新加坡、马来西亚、俄罗斯、柬埔寨、菲律宾和澳大利亚——大部分是离中国较近的国家。但地理位置接近不一定代表文化接近,例如中国与印度接壤,但中印文化差异很大(陈友义,2003),因此地理位置接近性不一定是文化接近性的一个维度,这一点本研究的观点与现有文献不同(Su et al., 2011;刘力 等,2014)。孝道文化接近性对消费者敌意与旅游意向之间关系的调节效应不显著,这可能与本研究所使用的量表有关。本研究使用的文化接近性量表是在东方文化情境下开展研究所使用的量表(Su et al.，2011；刘力 等，2014）。日本、韩国和中国台湾等国家与地区的孝道文化来源于中国（大陆）。深受儒家思想影响的中国文化推崇"百善孝为先"（王永彬，2015），"孝"是中国文化、家庭伦理的核心与独特维度，这与西方文化不同（肖群忠，2001）。因此，孝道文化有可能为以中国文化为代表的东方文化所特有，西方人很难正确理解孝道文化的内涵，因此孝道文化接近性不一定是文化接近性的一个维度。最后，文化接近性不能进一步增强旅游消费者善意对旅游意向的积极影响。原因可能在于，猎奇是消费者进行旅游活动的重要动机之一（周厚强 等，2017）。当消费者已经对特定国家形成长期稳定性善意之后，神秘、未知和与众不同的异域文化对他们而言或许更具吸引力。

第二，将消费者善意与敌意作为二阶形成性构念可能更合适。解释力检验结果显示，旅游意向的 R^2 值为 0.588，消费者善意的 R^2 值为 0.994，消费者敌意的 R^2 值为 0.993，这表明结构模型具有很强的解释力（Hair et al.，2014）。因此，推荐按照如下步骤构建消费者善意与敌意的测量模型：第一步是使用第三章与后面第五章中所述的探索性研究，首先调查清楚某国消费者对特定国家目的地形成善意与敌意的主要原因；第二步将这些原因作为消费者善意与敌意的引致因素构建和本章类似的消费者善意与敌意的二阶形成性测量模型。

第五章 消费者善意与敌意对旅游意向的影响：目的地形象与感知风险的中介作用

第一节 理论基础与研究模型

一、目的地形象

前面两章研究了消费者善意与敌意对旅游意向的影响关系的调节变量，本章将研究消费者善意/敌意与旅游意向的影响关系的中介变量，从而更清晰地揭示消费者善意与敌意对旅游意向的影响机制。

学者们围绕目的地形象（destination image）与游客行为意向（tourist behavioural intentions）两者的关系进行了大量研究（Afshardoost, Eshaghi, 2020）。

目的地形象的概念在20世纪70年代引入旅游产业（Hunt, 1971）。在旅游情境下，形象的定义为：与某个目的地相关的联想和信息片段的总和，包括目的地与个人感知的多个组成部分（Murphy et al., 2000）。目的地形象的定义为：游客心智中对某个地方的主观解释，它在旅游前、旅游中和旅游后三个阶段影响游客的行为（Agapito et al., 2013）。目的地形象被认为是一个多个方面的、复合的构念（Stepchenkova, Morrison, 2006）。根据 ABC 态度模型（Solomon, 2018），目的地形象包括认知、情感和行为意向3种元素（Michael et al., 2018）。但在学者统计的87篇文献中，仅有4篇文献研究了目的地的意动形象（Afshardoost, Eshaghi, 2020）。可见主流的观点认为目的地形象为认知形象与情感形象两维结构，再加上目的地的意动形象可能与行为意向重叠，因此本研究认可目的地形象包括两个维度：认知目的地形象与情感目的地形象。认知目的地形象指：个体对某个目的地及其属性的信念与知识，这些共同帮助创造该地方的心智图像（Baloglu, McCleary, 1999；Pike, 2004）。情感目的地形象指：个体对某个目的地的情感性反应与感觉（Baloglu, Brinberg, 1997；King et al., 2015）。虽然学者们关于目的地形象是单维还是多维构念还没有达成共识，但将其视为多维构念有以下优势：一是减少路径模型关系的数量；二是克服带宽—保真度困境（brandwidth – fidelity dilemma）；三是降低多重共线性（Sarstedt et al., 2019）。综上所述，本研究认为目的地形象为二阶构念，包括两个维度：认知目的地形象与情感目的地形象。

在消费者购买决策中，学者们就产品评价在消费者敌意与购买意向之间关系的中介作用尚未达成共识。有学者指出，消费者敌意直接影响购买意向，该影响不通过产品评价的中介作用，这意味着消费者在对特定国家产生敌意之后可能不愿意购买该国的产品，但他们对该国产品的评价却不会因此而扭曲（Klein et al., 1998）；但也有学者认为，消费者敌意不仅直接影响购买意向，还通过产品评价的中介作用间接影响购买意向（Ettenson, Klein, 2005）。在研究消费者出国旅游决策时，旅游目的地不可避免地与其特定的地理位置相联系，因此相比于产品评价（消费者敌意→产品评价→购买意向），目的地形象可能对消费者敌意与旅游意向之间的关系起到更重要的中介作用。类似的中介作用也可能存在于消费者善意对旅游意向的影响关系中。因此，本研究提出如下假设：

H5.1：目的地形象对消费者善意对旅游意向的影响起中介作用：消费者对特定国家目的地的善意提升目的地形象，进而提高消费者赴该国家目的地的旅游意向。

H5.2：目的地形象对消费者敌意对旅游意向的影响起中介作用：消费者对特定国家目的地的敌意有损目的地形象，进而降低消费者赴该国家目的地的旅游意向。

二、感知风险

相比于一般的购买决策，消费者在旅游决策特别是出国旅游决策中感知到更高的风险（许晖 等，2013）。感知风险（perceived risks）对消费者出国旅游决策有重要影响（Chew, Jahari, 2014）。感知风险的定义为：如果感知危险被认为超过了可接受的水平，消费者对某项行动可能使他们面临能够影响其旅游决策的危险的感知（Mansfeld, 2005；Reichel et al., 2007）。感知风险在游客的旅游决策过程中起着至关重要的作用，因为它可以改变有关目的地选择的理性决策（Sönmez, Graefe, 1998）。消费者敌意降低消费者信任，提高感知风险（Jiménez, San Martín, 2010；郭功星 等，2014）。与之相反，消费者善意提高消费者信任，降低感知风险（Oberecker, Diamantoploulos, 2011；郭功星，周星，2016）。感知风险对消费者旅游意向有重要且直接的影响（Chew, Jahari, 2014；许晖 等，2013）。基于以上论述，本研究提出如下假设：

H5.3：感知风险对消费者善意对旅游意向的影响关系起中介作用：消费者对特定国家目的地的善意降低感知风险，进而提高消费者赴该国家目的地的旅游意向。

H5.4：感知风险对消费者敌意对旅游意向的影响关系起中介作用：消费者对特定国家目的地的敌意提高感知风险，进而降低消费者赴该国家目的地的旅游意向。

第二节　研究方法

一、研究对象

前面研究了中国消费者对美国、日本和韩国目的地的善意与敌意。本章想研究外国消费者对中国目的地的善意与敌意，提高研究结论的稳健性。据皮尤研究中心在2020年4月发布的报告（Devlin et al., 2020），近年来由于中美贸易战、新冠肺炎疫情等原因，对中国持消极态度的美国受访者持续增加，在2020年这一比例已大幅增加到66%，达到了皮尤研究中心自其开始在调查中询问关于中国国家形象问题以来的最高水平。因此，本研究探索美国消费者对中国的善意与敌意对其赴中国旅游意向的影响机制。使用不同国别的研究样本有助于提高研究结果的外部效度，并验证研究模型的稳健性。

二、定性研究

由于消费者对不同国家产生敌意的主要原因是不一样的（Alvarez et al.，2020；Sánchez et al.，2018），消费者对不同国家目的地形成善意的主要原因也有所区别（杨一翁，2018）。参考现有文献的研究方法（Sánchez et al.，2018；Campo，Alvarez，2019；Alvarez，Campo，2020），我们首先进行定性的探索式研究。皮尤研究中心已经就美国人对中国的敌意进行了大规模调研（Devlin et al.，2020），因此我们主要根据该报告设计关于美国人不喜欢中国的原因的多选题，同时也参考学术文献补充了选项（Sánchez et al.，2018）。由于找不到关于美国人对中国目的地产生善意的原因的文献，我们设计了开放式的填空题，以调查美国人喜欢中国（作为一个旅游目的地）的原因。我们还收集了调查对象的个人信息。我们于 2021 年 3 月在亚马逊调查平台 Amazon Mechanical Turk 上进行调查，这种调查方法已经得到广泛应用（Kock et al.，2019；Wang et al.，2019）。为保证问卷质量，使用 Amazon Mechanical Turk 平台与问卷发布网站 AskForm 问智道的功能进行了以下控制：第一，限制调查对象必须是美国人；第二，一台设备只能回答一份问卷（防止一人多答）；第三，需要验证码（防止机器填写）。项目组给予每位调查对象一定金额的酬金，共收回问卷 631 份，删除非美国人的答卷，得到有效问卷 610 份，有效问卷回收率为 96.7%。

参考现有文献（Campo，Alvarez，2019），我们使用 ROST CM6 软件对消费者善意的主要成因进行词频分析，统计词频 50 次以上的成因依次为：culture（词频为 224）、food（词频为 197）、history（词频为 126）、(the great) wall（词频为 107）、beautiful（词频为 106）、place（词频为 106）、people（词频为 85）、site（词频为 50）。

结合 ROST CM6 软件的词频统计可以看出，当前美国人对中国作为旅游目的地形成善意的主要原因为：文化、美食、历史、风景和人民。

美国人对中国产生敌意的主要原因（多选题）如表 5-1 所示。

表 5-1 美国人对中国产生敌意的主要原因

选 项	样本数	百分比	占比排序
中国对全球环境的影响	229	37.54%	2
来自中国的网络攻击	208	34.10%	3
中国的人权政策	326	53.44%	1
美国对中国的贸易逆差	143	23.44%	5
美国的工作机会被中国抢走	139	22.79%	6
中国不断增长的军事力量	125	20.49%	7
中国不断增强的技术实力（如 HUAWEI，TikTok，WeChat）	83	13.61%	9
中国内地与中国香港地区之间的紧张局势	208	34.10%	3
不喜欢中国人	26	4.26%	10
其他原因	92	15.08%	8

由表 5-1 可知，美国人对中国产生敌意的主要原因（多选题）为：中国的人权政策（53.44%）、中国对全球环境的影响（37.54%）、来自中国的网络攻击（34.10%）、中国内地与中国香港地区之间的紧张局势（34.10%）、美国对中国的贸易逆差（23.44%）、美国的工作机会被中国抢走（22.79%）和中国不断增长的军事力量（20.49%）等。

根据现有消费者善意与敌意的文献（Campo，Alvarez，2019），我们将美国人对中国（作为旅游目的地）形成善意的主要原因归纳为历史、文化和娱乐善意，美食善意，风景善意，人民善意；将美国人对中国（作为旅游目的地）产生敌意的主要原因归纳为政治敌意、环境敌意、经济敌意、军事与安全敌意。

根据文献的建议，我们构建消费者善意与敌意的形成性测量模型（Nes et al.，2014；Riefler，Diamantopoulos，2007），并构建两者通过中介变量目的地形象与感知风险对旅游意向的影响模型，如图 5-1 所示。

第五章 消费者善意与敌意对旅游意向的影响：目的地形象与感知风险的中介作用

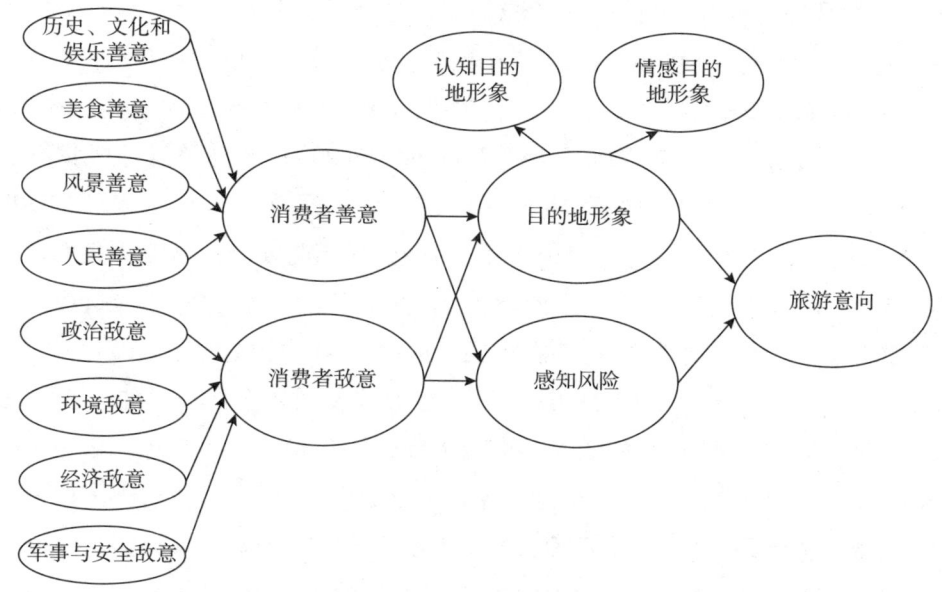

图 5-1 研究模型

注：历史、文化和娱乐善意，美食善意，风景善意，人民善意，政治敌意，环境敌意，经济敌意，军事与安全敌意均使用形成性测量模型；目的地形象为二阶构念，包括两个维度（认知目的地形象与情感目的地形象）。

三、定量研究

1. 问卷设计

问卷中的所有测项均源自现有文献，根据美国消费者赴中国旅游决策的研究情境进行了一定的修订。历史、文化和娱乐善意包括"我对中国的历史充满热情"❶ 等 8 个测项（Bernard, Zarrouk-Karoui, 2014; Estévez, Oddi, 2020; Nes et al., 2014）；美食善意由"一想到中国菜，我就有一种愉快的感觉"等 3 个测项来测量（Estévez, Oddi, 2020; Nes et al., 2014）；风景善意用"我被中国美丽的自然景观所打动"等 3 个测项进行测量（Bernard, Zarrouk-Karoui, 2014; Estévez, Oddi, 2020; Nes et al., 2014）；人民善意由"中国人是友好的"等 5 个测项组成（Nes et al., 2014; Wongtada et al.,

---

❶ 这些问项原文都是英文，这里均翻译为中文。

2012）；总体善意含有"当作为一个旅游目的地时，我喜欢中国"等4个测项（Nes et al.，2014）；政治敌意包括5个测项，如"我不喜欢中国政府的政策"（Devlink et al.，2020；Sánchez et al.，2018）；环境敌意包括"我担心中国对全球环境的影响"等4个测项（Devlink et al.，2020）；经济敌意含"我不喜欢中国是因为美国对中国的贸易逆差"等7个测项（Devlink et al.，2020；Sánchez et al.，2018；Campo，Alvarez，2019）；军事与安全敌意由"我担心中国日益增长的军事力量"等4个测项组成（Devlink et al.，2020；Sánchez et al.，2018）；总体敌意由4个测项构成，如"我对中国感到愤怒"（Klein，2002；Campo，Alvarez，2019）；认知目的地形象包括4个测项，如"我认为中国是一个享有良好声誉的著名旅游目的地"（Campo，Alvarez，2019；Alvarez，Campo，2020）；情感目的地形象用一个测项来测量，"我对中国作为旅游目的地的情感是：1＝完全负面；7＝完全正面"（Alvarez，Campo，2020）；感知风险包括3个测项，如"去中国旅行是有风险的"（Oberecker，Diamantopoulos，2011）；旅游意向由"我愿意在不久的将来访问中国"等3个测项组成（Campo，Alvarez，2019）。由于测项较多，除了情感目的地形象之外，为了减轻被调查者的认知负担，以上构念均使用5点李克特量表进行测量，1＝"强烈不同意"；5＝"强烈同意"。

2. 数据收集

我们于2021年4月在亚马逊调查平台Amazon Mechanical Turk上进行调查，这种调查方法已经得到广泛应用（Kock et al.，2019；Weng et al.，2019）。为保证问卷质量，使用Amazon Mechanical Turk平台与问卷发布网站AskForm问智道的功能进行了以下控制：第一，限制调查对象必须是美国人；第二，一台设备只能回答一份问卷（防止一人多答）；第三，需要验证码（防止机器填写）。项目组给予每位调查对象一定金额的酬金，共收回问卷521份。项目组通过测谎题（"中国的首都是华盛顿"）删除无效问卷，删除非美国人的问卷，删除回答明显自相矛盾的问卷（例如，如果"总的来说，我喜欢中国"与"总的来说，我不喜欢中国"两个测项都选择"强烈同意"则删除），删除连续10个测项都选同一个答案的问卷（Malhotra，2009），得到有效问卷285份，有效问卷回收率为54.7%。80.0%的调查对象有过出国旅游经历；69.8%的调查对象每年都会旅游；男性占比为54.7%，调查对象的年龄段集中在25岁至44岁之间，占比达66.7%；大学本科及以上学历者占比达74.0%；58.2%的调查对象的家庭年收入在4万美元以上。可见，多数有效样本群体有过出国旅游经历、经常旅游、较年轻、学历高、收入较高，为潜在的来华旅游美国消费者群体。

3. 统计分析方法

本研究构建的结构模型较复杂，共含15个构念，其中消费者敌意与消费者善意使用形成性测量模型，目的地形象为二阶构念，包括认知目的地形象与情感目的地形象两个一阶构念，偏最小二乘结构方程模型（PLS－SEM）在处理复杂的结构模型时独具优势（Hair et al.，2014）。此外，一些构念的测量（如情感目的地形象）的测项少于3个，而PLS－SEM对测项的数量没有明确要求（Hair et al.，2014）。因此，本研究主要使用PLS－SEM v.3.2.7软件进行数据分析。消费者善意与敌意这两个构念均被4个箭头所指到，为所有构念中最多（见图5－1）。在$\alpha=0.05$的显著性水平下，要检验出最小0.10的R^2值，最小样本量为137个（Hair et al.，2014）。本研究的有效样本量为285个，满足要求。

第三节　数据分析

本研究参考PLS－SEM的权威文献进行数据分析（Hair et al.，2014；萧文龙，2013）。

一、测量模型（外模型）评估

1. 形成性测量模型评估

政治敌意、经济敌意、环境敌意、军事与安全敌意，历史、文化和娱乐善意、美食善意、风景善意和人民善意为形成性构念。根据文献建议的方法（Hair et al.，2014），本研究进行形成性测量模型评估。

（1）多重共线性检验

所有测项的VIF值均小于5的限制性水平，这表明多重共线性问题不严重（Hair et al.，2014）。

(2) 外部权重的显著性检验

采用 Bootstrapping 抽样 5000 次，PA3~PA5、EA3、EnvA1~EnvA4、MSA1、MSA3、MSA4、CEHA2~CEHA6、CEHA8、FAffi1、FAffi3、SAffi2、PAffi5——上述形成性指标的外部权重在 $\alpha=0.05$ 的显著性水平下不显著。根据文献的建议（Hair et al.，2014），如果这些形成性指标的外部载荷大于等于0.5，则保留；如果外部载荷小于0.5但显著，则视情况而定。只有 PAffi5 的外部载荷为 0.398，小于 0.5 但显著，由于该问项来源于现有文献（Wongtada et al.，2012），内容效度有保证，因此本研究保留该问项。其他问项的外部载荷均大于 0.5，都保留。

2. 反映性测量模型评估

消费者善意、消费者敌意、目的地形象、感知风险、旅游意向5个构念的测项的因子载荷均大于 0.7 的限制性水平（Hair et al.，2014）；以上变量的 *CR* 值均大于 0.7 的限制性水平，这表明内部一致性良好（Hair et al.，2014）。以上构念的 *AVE* 值均大于 0.5 的限制性水平，这表明收敛效度良好（Hair et al.，2014）。每个构念的 *AVE* 值的平方根值均大于该构念与其他构念的相关系数，这表明区别效度良好（Hair et al.，2014）。

以上表明，测量模型满足相关要求。

二、结构模型（内模型）评估

1. 路径系数及其显著性检验

根据文献的建议（Hair et al.，2014），本研究采用 Bootstrapping 抽样 5000次，得到结构模型（内模型）的路径分析与假设检验结果，如表 5-2 所示。

表 5-2 结构模型的路径系数及其显著性检验

结构模型影响路径	路径系数	*t* 值	*p* 值	结果
历史、文化和娱乐善意→消费者善意	0.405	7.976	0.000	显著
美食善意→消费者善意	0.026	0.376	0.707	不显著
风景善意→消费者善意	0.113	1.975	0.048	显著
人民善意→消费者善意	0.123	1.724	0.085	边界显著
政治敌意→消费者敌意	0.248	4.267	0.000	显著
环境敌意→消费者敌意	-0.065	1.807	0.071	边界显著

第五章　消费者善意与敌意对旅游意向的影响：目的地形象与感知风险的中介作用

续表

结构模型影响路径	路径系数	t 值	p 值	结果
经济敌意→消费者敌意	0.469	8.118	0.000	显著
军事与安全敌意→消费者敌意	0.124	2.156	0.031	显著
消费者善意→目的地形象	0.655	15.028	0.000	显著
消费者善意→感知风险	-0.343	5.656	0.000	显著
消费者敌意→目的地形象	-0.082	1.674	0.094	边界显著
消费者敌意→感知风险	0.320	4.890	0.000	显著
目的地形象→旅游意向	0.405	7.976	0.000	显著
感知风险→旅游意向	-0.303	5.627	0.000	显著

注：检验类型为双尾检验，显著性水平 $\alpha = 0.05$。

由表 5-2 可知，美食善意对消费者善意的正向影响不显著；人民善意对消费者善意的正向影响为边界显著；历史、文化和娱乐善意以及风景善意对消费者善意的正向影响是显著的。环境敌意对消费者敌意的负向影响为边界显著；政治敌意、经济敌意、军事与安全敌意对消费者敌意的正向影响均是显著的。

2. 中介效应检验

本研究运用 Sobel 检验、Aroian 检验和 Goodman 检验进行中介效应检验，结果如表 5-3 所示。

表 5-3　中介效应检验

中介效应	构念关系	路径系数 t 值	Sobel 检验 z 值	Aroian 检验 z 值	Goodman 检验 z 值
消费者善意→目的地形象→旅游意向	消费者善意→目的地形象	15.028	7.045***	7.033***	7.057***
	目的地形象→旅游意向	7.976			
消费者敌意→目的地形象→旅游意向	消费者敌意→目的地形象	1.674	1.638	1.626	1.651*
	目的地形象→旅游意向	7.976			

续表

中介效应	构念关系	路径系数 t 值	Sobel 检验 z 值	Aroian 检验 z 值	Goodman 检验 z 值
消费者善意→感知风险→旅游意向	消费者善意→感知风险	5.656	3.989***	3.958***	4.021***
	感知风险→旅游意向	5.627			
消费者敌意→感知风险→旅游意向	消费者敌意→感知风险	4.890	3.691***	3.658***	3.725***
	感知风险→旅游意向	5.627			

注：*、***分别表示在 α=0.05、0.001 的水平下显著。

由表 5-3 可知，目的地形象对消费者善意与旅游意向之间的关系起到显著的中介作用，H5.1 得到支持。目的地形象对消费者敌意与旅游意向之间的关系的中介作用为边界显著，H5.2 得到微弱支持。感知风险对消费者善意与旅游意向之间的关系起到显著的中介作用，H5.3 得到支持。感知风险对消费者敌意与旅游意向之间的关系起到显著的中介作用，H5.4 得到支持。

3. 总效应检验

根据文献的建议（Hair et al., 2014），本研究采用 Bootstrapping 抽样 5000 次，得到总效应检验结果，如表 5-4 所示。

表 5-4 总效应检验结果

结构模型路径	总效应	t 值	p 值
消费者善意→旅游意向	0.371	9.447	0.000
消费者敌意→旅游意向	-0.130	4.084	0.000
历史、文化和娱乐善意→旅游意向	0.182	5.511	0.000
美食善意→旅游意向	0.010	0.373	0.709
风景善意→旅游意向	0.042	1.923	0.054
人民善意→旅游意向	0.046	1.642	0.101
政治敌意→旅游意向	-0.032	2.754	0.006
环境敌意→旅游意向	0.009	1.648	0.099

续表

结构模型路径	总效应	t 值	p 值
经济敌意→旅游意向	-0.061	3.521	0.000
军事与安全敌意→旅游意向	-0.016	1.991	0.047

注：检验类型为双尾检验，显著性水平 $\alpha=0.05$；总效用＝直接效应+间接效应。

由表5-4可知，消费者善意对旅游意向的正向总效应与消费者敌意对旅游意向的负向总效应均是显著的，消费者善意的正向总效应更强，这与本书其他章的研究结果一致。历史、文化和娱乐善意以及风景善意对旅游意向的正向影响是显著的或接近显著的，历史、文化和娱乐善意对旅游意向的总效应更强（0.182）。政治敌意、经济敌意、军事与安全敌意对旅游意向负向总效应是显著的，总效应按从强到弱依次为：经济敌意（-0.061）、政治敌意（-0.032）、军事与安全敌意（-0.016）。

4. 解释力检验

当研究消费者行为问题时，R^2 值为0.20，表示较强的解释力（Hair et al.，2014）。在本研究构建的结构模型中，旅游意向的 R^2 值为0.350，消费者善意的 R^2 值为0.411，消费者敌意的 R^2 值为0.480，解释力较强。本研究使用消费者善意与敌意的反映性测量模型再次进行检验，发现消费者善意的 R^2 值为0.399，消费者敌意的 R^2 值为0.442，相比于使用两者的形成性测量模型有所下降。可见使用消费者善意与敌意的形成性测量模型效果更好。

第四节　研究结论

本研究基于目的地形象与感知风险的理论研究，以美国消费者赴中国旅游决策为研究情境，构建了消费者善意与敌意对旅游意向的影响机制模型，使用问卷调查法收集数据，主要运用结构方程模型与中介效应检验进行数据分析，检验了目的地形象与感知风险对消费者善意/敌意与旅游意向之间关系的中介作用，得到如下研究结论。

第一，美国消费者对中国作为旅游目的地形成善意的主要原因为历史、文化和娱乐，其次为风景。本研究首先进行探索性研究，根据结果将美国人对中国（作为旅游目的地）形成善意的原因归纳为历史、文化和娱乐善意、美食善意、风景善意、人民善意；使用形成性测量模型的分析结果表明，历史、文化和娱乐善意对消费者善意的影响是显著的，且总效应最强；风景善意对消费者善意的影响也是显著的；人民善意对消费者善意的影响为边界显著；而美食善意对消费者善意的影响不显著。这表明美国消费者对中国（作为旅游目的地）形成善意的主要原因为：中国悠久、丰富、伟大和精彩的历史；中国的艺术、音乐和电影等娱乐；中国的传统文化，中国与美国不同的文化，中国博大精深、有趣和有吸引力的文化❶。建议中国的旅游管理者投入优势资源重点从这些方面对美国消费者进行旅游营销，以提高美国消费者对中国（作为旅游目的地）的善意。

第二，美国消费者对中国产生敌意的主要原因依次为：经济、政治、军事与安全。经济敌意、政治敌意、军事与安全敌意对消费者敌意的影响是显著的，它们的总效应是由强到弱的；环境敌意对消费者敌意的正向影响为边界显著，这可能与中国近些年环境治理取得显著成效相关，另外中国与美国同为碳排放量大国，因此美国消费者缺少充分理由对中国形成敌意。近年来中美贸易战导致的经济敌意仍然是美国消费者对中国形成敌意的主要原因，有些美国消费者认为美国在中美贸易中"吃亏"了，比如美国对中国的贸易逆差以及美国损失的工作机会；另外，有些美国消费者认为中国存在剥削劳动力的现象，中国的劳动者素质较差，中国是低成本/低质量的生产者。在政治敌意形成的原因方面，有些美国消费者担心中国的人权问题，不喜欢中国的政治体系以及中国政府的政策，不喜欢中国的腐败问题等。在军事与安全敌意形成的原因方面，有些美国消费者担心中国日益增长的军事力量，将中国视为一个巨大的威胁，同时还担心来自中国的网络攻击等。虽然上述原因来自部分美国人对中国的误解与偏见，但是作为中国的旅游营销者，应尽量缓解这些敌意的形成，并削弱其消极效应。

第三，消费者对特定国家目的地的善意能够提升该目的地的形象，进而提高消费者赴该国家目的地的旅游意向；消费者对特定国家的敌意只能微弱地损害该国作为旅游目的地的形象，进而微弱地降低消费者赴该国家目的地的旅游

---

❶ 这些语句中的形容词来自对调查数据的文本分析。

意向。这表明消费者善意与敌意对目的地形象的相反的影响是非对称的。本研究也在一定程度上支持了关于消费者敌意对购买意向的影响机制的一派观点，即消费者在对特定国家产生敌意之后可能不愿意购买来自该国的产品，但他们对该国产品的评价却不会因此而扭曲（Klein et al., 1998）。旅游虽然是一种"特殊的产品"，但该派学者的观点在本研究的情境下仍能得到一定程度的验证。在目的地形象领域有大量的研究，如何提升目的地形象是学者们共同关心的话题。本研究从消费者善意与敌意的视角对这一问题进行了探讨，进一步丰富了消费者善意、敌意和目的地形象的理论研究。对旅游管理者的启示是：应该重点通过提升消费者善意来进一步改善目的地形象，而不要过于担心消费者敌意对目的地形象的消极影响。

第四，消费者对特定国家目的地的善意能够降低消费者对赴该国家目的地旅游的感知风险，进而提高旅游意向；消费者对特定国家的敌意会提高感知风险，进而降低旅游意向。感知风险是消费者出国旅游决策中的一个重要影响因素，本研究分析了感知风险在消费者善意/敌意对旅游意向的影响关系中的中介作用，进一步丰富了消费者善意、敌意和感知风险的理论研究，同时也对旅游管理者降低消费者出国旅游决策中的感知风险提供了有益启示。

第六章 消费者对特定国家目的地的矛盾态度的形成机理及其对旅游意向的影响机制

第一节 理论基础与研究模型

一、矛盾态度理论与矛盾论

矛盾态度理论认为：态度是二元的，而不是一元的，积极与消极态度可以共存，不一定此消彼长；只有当积极与消极态度均达到一定强烈程度且旗鼓相当时，矛盾态度才会产生（Kaplan，1972；Priester et al.，1996）。基于矛盾态度理论，消费者对特定国家的敌意与对该国作为旅游目的地的善意可以共存，不一定此消彼长；当两者均达到较强烈程度且大致相当时，消费者可能会对该国家目的地形成较强烈的矛盾态度。矛盾论也认为，矛盾的诸方面，在一些情形下，可能势均力敌（毛泽东，1937）。这同样表明，在某些情境下，消费者对特定国家的敌意与对该国作为旅游目的地的善意可能旗鼓相当，从而产生矛盾态度。学者们已证明，设计得当的情境材料可以使消费者产生对电商（Moody et al.，2014）或商品（潘晓波，2015）等的较强烈的积极与消极态度，从而使消费者形成对电商或商品等的矛盾态度。在国家层面上，使用类似的操作使消费者产生对特定国家目的地的矛盾态度也是可能的。基于以上论述，本研究提出如下假设：

H6.1：在一些情境下，消费者能够同时持有对特定国家的敌意与对该国作为旅游目的地的善意，当两者均达到较强烈程度且大致相当时，消费者形成对该国家目的地的较强烈的矛盾态度。

二、模糊容忍度

不同心理特征的消费者对矛盾与模糊的容忍度不同（Wang et al.，2016），这就涉及模糊容忍度的概念。模糊容忍度（tolerance of ambiguity）指，个体倾向于如何感知与应对模糊与矛盾的情境或刺激的人格特质（Zenasni et al.，2008）。然而，目前还没有文献从消费者心理特征的角度来研究消费者矛盾态度形成的调节因素。模糊容忍度低的个体感觉模糊情境是具有威胁性的，在此种情境中他们容易体验到压力、焦虑或紧张，因而尽量逃避模糊与矛盾；相反，模糊容忍度高的个体则感觉模糊情境是吸引人、富有挑战性和有趣的，因此容忍甚至喜欢模糊与矛盾（Xu et al.，2014）。基于此，本研究推测，当对特定国家目的地同时持有较强烈且大致相当的敌意与善意时，高模糊容忍度的消费者更容易形成对该国家目的地的矛盾态度。因此，本研究提出如下假设：

H6.2：模糊容忍度是消费者形成对特定国家目的地的矛盾态度的调节因素。相比于模糊容忍度低的消费者，模糊容忍度高的消费者更容易形成这种矛盾态度。

三、情感耗损

情感耗损（emotional exhaustion）是一个组织行为研究领域常见的、解释力较强的心理构念，其定义为：个体由于过度使用心理与情感资源而产生的疲劳状态（Maslach et al.，1981；王红丽 等，2016）。学者们发现，组织压力、领导（Stordeur et al.，2001）和加班时间（李锡元 等，2020）等压力源会加重员工的情感耗损，而情感耗损导致员工自愿离职率的上升（Wright et al.，1998）、反生产工作行为的上升（朱晓妹 等，2015）和员工组织公民行为的下降（Cropanzano et al.，2003）等。可见，情感耗损可能对压力源与行为意向之间的关系起到中介作用。当消费者同时持有对特定国家的敌意、对该国作为旅游目的地的善意，并由此形成矛盾态度之后，多种情感交织在一起，在这种状态下进行出国旅游决策，消费者的心理与情感资源可能被过度使用，从而使消费者产生疲劳、累和有压力等感觉，造成消费者情感耗损。消费者在情感耗损后处于疲劳状态（Maslach et al., 1981；王红丽 等，2016），没有更多的心智资源与精力对出国旅游决策的相关信息进行系统式处理，从而缺乏决策自信（Jonas et al., 1997），这可能导致旅游意向的降低。与此同时，消费者在情感耗损后制定出国旅游决策，会体验到紧张、挫折和有压力等负面情绪（Maslach et al., 1981），这使出国旅游决策变得困难（Greenspan, 1980），导致消费者对出国旅游决策的拖延（van Harreveld et al., 2015）甚至回避（Jin et al., 2006），这同样可能减弱旅游意向。根据以上讨论，本研究提出如下假设：

H6.3：消费者矛盾态度正向影响情感耗损。

H6.4：情感耗损负向影响旅游意向。

H6.5：情感耗损对消费者矛盾态度与旅游意向之间的关系起中介作用：消费者矛盾态度引发情感耗损，进而降低旅游意向。

综上所述，我们构建研究模型如图6-1所示。

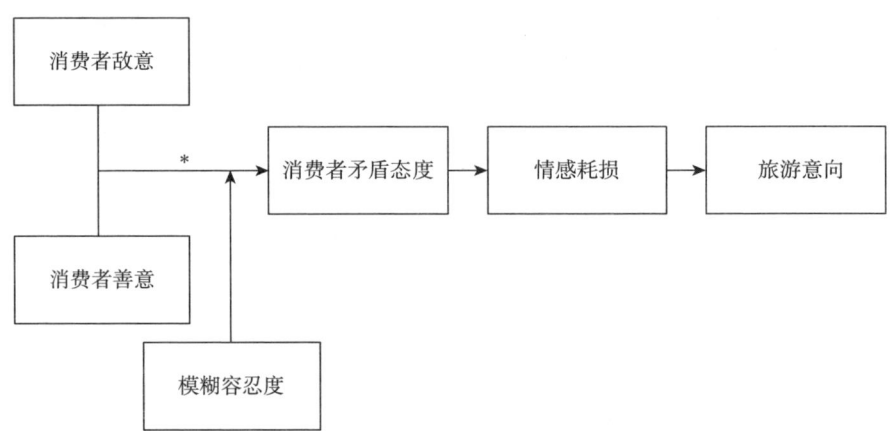

图6-1 消费者矛盾态度的形成机理及其对旅游意向的影响机制模型

注：*表示只有在消费者善意与敌意都达到较强烈程度且大致相当时，消费者矛盾态度才会形成。

第二节 消费者对特定国家目的地的矛盾态度的形成机理

一、研究方法

1. 预调查

（1）研究对象

我们在旅行社、国际机场和旅游景点等地对500多位计划出国旅游的中国消费者进行了访谈与问卷调查，发现在所有国家目的地中，中国消费者对日本目的地的敌意与善意均为最强烈，因此研究中国消费者对特定国家目的地的矛盾态度，选择日本目的地最具代表性。由于消费者对不同国家产生敌意与善意的主要原因存在差异（Alvarez, Campo, 2020；Sánchez et al., 2018），我们进一步调查了中国消费者对日本目的地产生敌意与善意的原因，发现中国消费者对日本形成敌意的主要原因为历史与战争（59%）、政治与外交（28%）；中国消费者对日本目的地产生善意的重要原因是人民及其生活方式（31%）、风景（29%）和文化（18%）。

（2）情境材料设计与操控检验

根据以上调查得出的中国消费者对日本目的地形成善意的主因（风景、人民、文化）和对日本产生敌意的主因（历史与战争、政治与外交），使用实验研究方法，设计情境材料启动中国消费者对日本目的地的较强烈且大致相当的善意与敌意，看能否使他们形成矛盾态度。39位来自北京某高校的被试者参加了预实验。

1）过程与测量。采用抵消平衡法，把被试者随机分配到不同的实验顺序组中（张岩 等，2018）。设计情境材料，先启动19位被试者对日本目的地的善意，用3个测项对消费者善意进行测量（Nes et al., 2014）；随后，启动他们对日本的敌意，提示被试者忽视之前的积极情感，用3个测项对消费者敌意进行测量（Klein, 2002）。对另外20位被试者进行相反的处理：先启动敌意，后启动善意。最后，为提高测量准确性，本研究综合使用矛盾态度的主、客观测量法来测量与计算消费者对特定国家目的地产生的矛盾态度（Hänze，2001；高海霞 等，2016）。主观矛盾态度使用 3 个问项直接测量（Priester et al.，1996）；客观矛盾态度运用 Griffin 公式计算得出（Thompson et al.，1995），如第二章的公式（2-1）所示。式中：A 代表客观矛盾态度，P 是消费者善意均值，N 为消费者敌意均值，C 取值为 0，以确保客观矛盾态度的值不为负数（Pang et al.，2017；Thompson et al.，1995）。变量的测量均使用 7 点李克特量表，1 = "完全不同意"，7 = "完全同意"。

2）消费者善意与敌意的启动顺序的检验结果。在两种不同的启动顺序下，主观矛盾态度（$p=0.10$）与客观矛盾态度（$p=0.60$）均无显著差异，这表明消费者善意与敌意的启动顺序不影响消费者矛盾态度的操控结果。

3）消费者善意与敌意的操控检验结果。相关分析表明，消费者敌意与善意不相关（Pearson 相关系数 = -0.17，$p=0.31$），这说明消费者敌意与善意是两个独立的构念。消费者敌意均值为 5.30，消费者善意均值为 5.00，单样本 t 检验的结果表明，两者均显著地大于中位数 4（p 值均为 0.00），这表明消费者敌意与善意均达到较强烈程度（Russell et al.，2011）。配对样本 t 检验的结果表明，消费者善意与敌意的差异不显著（$p=0.19$）。小结以上，消费者敌意与善意是两个不同的构念，两者均达到了较强烈程度且旗鼓相当。

4）消费者矛盾态度的操控检验结果。双变量相关分析的结果表明，主、客观矛盾态度显著地弱相关（Pearson 相关系数 = 0.38，$p=0.02$）。使用不同模型计算得出的客观矛盾态度值与直接测量出的主观矛盾态度值的相关系数在 0.36 至 0.52 之间（Priester et al.，1996），本研究算出的相关系数在该范围内。单样本 t 检验的结果表明，主观矛盾态度均值为 4.34，大于中位数 4（$p=0.08$，边界显著），这表明主观矛盾态度达到了较强烈程度。客观矛盾态度的取值范围是从 0 到 7（均值为 3.89，标准差为 1.16）。参考现有文献的做法（Zemborain et al.，2007；黄敏学 等，2010），取 3 为检验标准。单样本 t 检验的结果表明，客观矛盾态度的均值为 3.89，显著地大于 3（$p=0.00$），这表明客观矛盾态度也达到了较强烈程度。

小结以上，情境材料是合适的，消费者矛盾态度的操控方法是可行的。

2. 正式调查

正式调查使用基于情境的问卷调查法（Im et al.，2017），首先使用预调查设计的情境材料激发消费者对日本目的地的矛盾态度。

（1）问卷设计

调查问卷包括三部分。第一部分使用预调查实验中设计的情境材料，先启动被试者对日本目的地的善意，对消费者善意进行测量（Nes et al.，2014）；然后启动被试者对日本的敌意，对消费者敌意进行测量（Klein，2002）。第二部分测量消费者的模糊容忍度（Herman et al.，2010）和主观矛盾态度（Priester et al.，1996）。所有问项均来源于成熟量表，并根据中国消费者赴日旅游的研究情境进行了修订；使用 7 点李克特量表进行测量，1 = 完全不同意，7 = 完全同意。第三部分记录个人信息。

（2）数据收集

本项目选择日本目的地作为研究对象，面向中国消费者收集数据。由于采取基于情境的问卷调查法，调查对象阅读与回答问卷的时间较长，如果找陌生人回答，效果可能较差。综合考虑，本研究使用滚雪球抽样法在线收集数据（Baltar et al.，2012；Campo，Alvarez，2019），通过 AskForm 问智道设计与发布问卷，通过微信发送给喜欢旅游的亲朋好友填写，并请他们把问卷发送给在旅途中结识的人填写。为了确保调查对象为计划出国旅游的消费者，在问卷开头设置了筛选性提示："如果您计划未来出国旅游，请填写本问卷；否则请不要填写，以免对研究结果造成干扰，谢谢！"本项目共收回问卷 348 份，通过两道判别性的反向测项来排除那些回答明显自相矛盾的样本（Hinkin，1995），同时排除那些已经到访过日本的消费者，从而得到有效问卷 218 份。

有效样本特征如下：男性占比 44.5%；年龄集中在 25 岁至 44 岁，占比达 64.2%；收入集中在 5000 元至 9999 元，占比达 43.6%；教育程度分布较为平均。根据中国旅游研究院发布的《中国出境旅游发展年度报告 2019》，男性出境游客占比略低于女性出境游客；出境游客的年龄段集中于 25 岁至 44 岁，占比高达 60.35%；出境游客的月收入集中在 5000 元至 10000 元，占比约为 50%；出境游客的教育程度分布较为平均，高中及以下、大学专科和大学本科学历的游客占比接近，均在 30% 左右，而硕士及以上学历占比者较少。由以上可见，本研究的样本特征与中国旅游研究院在研究报告中所展示的样本特征比较相似，样本较具有代表性。

（3）统计分析方法

本研究运用 SPSS 18.0 软件进行三维交互作用的逐步回归分析来检验消费者矛盾态度形成的调节因素。综合考虑可接受的误差幅度、α 水平和样本总体标准差的估计，最小样本量为 120 个（梁建，谢家琳，2018）。本研究针对日本目的地收集到有效问卷 218 份，满足要求。

二、数据分析

1. 消费者矛盾态度形成的假设检验

由于篇幅所限，信度检验、效度检验、数据同源偏差检验和多重共线性检验此处省略，量表信度、效度均满足相关要求（Hair et al.，2014），数据同源偏差与多重共线性问题不严重（Hair et al.，2014；黄敏学 等，2015）。以上表明测量模型（外模型）满足相关要求。

消费者矛盾态度的操控方法详见前文的预实验部分，这里主要报告数据分析结果。消费者善意与敌意的 Pearson 相关系数为 -0.12，相关性不显著（$p = 0.08$），这表明两者为两个独立的构念。消费者善意均值为 5.75，消费者敌意均值为 5.88，单样本 t 检验的结果表明，两者均显著地大于中位数 4（p 值均为 0.00），说明两者均达到强烈程度（Russell et al.，2011）。配对样本 t 检验的结果表明，消费者善意与消费者敌意的差异不显著（$p = 0.08$）。以上说明消费者善意与敌意均达到强烈程度且大致相当。运用第二章公式（2－1）计算客观矛盾态度。为保证矛盾态度的值不为负数，C 取值为 1（Pang et al.，2017；Thompson et al.，1995）。主、客观矛盾态度显著地弱相关（Pearson 相关系数为 0.38，$p = 0.00$）。文献指出，使用不同模型计算出来的客观矛盾态度值与直接测量出的主观矛盾态度值的相关系数在 0.36 至 0.52（Priester et al.，1996），本研究得出的相关系数在这个范围内。单样本 t 检验的结果表明，主观矛盾态度的均值为 5.03，显著地大于中位数 4（$p = 0.00$），这表明主观矛盾态度达到了强烈程度。客观矛盾态度的范围是从 0 到 8（$M = 5.93$，$SD = 1.17$），参考现有文献的做法（Zemborain et al.，2007；冯小亮 等，2013；黄敏学 等，2010），取 4 为检验标准。单样本 t 检验的结果表明，客观矛盾态度的均值为 5.93，显著地大于 4（$p = 0.00$），这表明客观矛盾态度达到了强烈程度。以上表明主、客观矛盾态度均达到足够强烈的程度。

以上数据分析结果表明,在出国旅游决策中,消费者能够同时持有对特定国家的敌意与对该国家目的地的善意,当两者均达到较强程度且大致相当时,消费者形成对该国家目的地的矛盾态度。H6.1 得到支持。

2. 消费者矛盾态度形成的调节因素的假设检验

消费者矛盾态度使用 Griffin 公式计算产生的客观矛盾态度。根据文献推荐的方法(Gilliam et al.,2010;Weng et al.,2019;姜雨峰 等,2015),运用 SPSS 18.0 软件进行消费者敌意、消费者善意和模糊容忍度三维交互作用的逐步回归分析,如表 6-1 所示。

表 6-1 消费者敌意、消费者善意和模糊容忍度三维交互作用的逐步回归分析

自变量	消费者矛盾态度		
	Model 1	Model 2	Model 3
消费者敌意	0.511***	0.401***	0.387***
消费者善意	0.134*	0.013	0.017
模糊容忍度		0.054	0.094**
消费者敌意 * 消费者善意		0.758***	0.777***
消费者敌意 * 模糊容忍度		-0.003	-0.039
消费者善意 * 模糊容忍度		-0.026	-0.066
消费者敌意 * 消费者善意 * 模糊容忍度			0.107**
R^2	0.218	0.785	0.793
$\triangle R^2$	0.014	0.567	0.008
F 值	37.478***	161.186***	144.656***

注:*、**、*** 分别表示在 $\alpha=0.05$、0.01、0.001 的水平下显著。

由表 6-1 中的 Model 3 可知:首先,消费者敌意越强,消费者矛盾态度越强($\beta=0.387$,$p<0.05$)。其次,消费者敌意与消费者善意两者的交互项显著($\beta=0.777$,$p<0.05$),这表明消费者善意对消费者敌意与消费者矛盾态度之间的关系起正向调节作用,即消费者敌意与消费者善意越强烈,越容易产生矛盾态度。更重要的是消费者敌意、消费者善意和模糊容忍度三者的交互项显著($\beta=0.107$,$p<0.05$),这表明模糊容忍度越高,消费者善意对消费者敌意与消费者矛盾态度之间关系的调节作用越强。小结以上,消费者的模糊容忍度越高,越容易产生对特定国家目的地的矛盾态度,假设 H6.2 得到支持。

第三节　消费者矛盾态度对旅游意向的影响机制

一、研究方法

1. 预调查

预调查详见本章第二节中的"预调查"部分，此处不再重复。

2. 正式调查

（1）问卷设计

调查问卷包括三部分。第一部分为了检验启动顺序的影响，将被试者分为两组：第一组先启动消费者善意、后启动消费者敌意；第二组则相反。以第一组为例，使用经预调查检验过的情境材料，首先启动被试者对日本目的地的善意，对消费者善意进行测量（Nes et al.，2014）；然后启动被试者对日本的敌意，对消费者敌意进行测量（Klein，2002）。第二部分测量消费者的主观矛盾态度（Priester et al.，1996）、情感耗损（Maslach et al.，1981）和旅游意向（Alvarez et al.，2020；郭功星 等，2016）。上述变量的测项均采用7点李克特量表进行测量，1 = "完全不同意"，7 = "完全同意"。第三部分记录个人信息。问卷中还设计有测谎题（如："日本的首都是华盛顿"）以及反向测项（如消费者敌意的一个测项为："我喜欢日本"），以排除无效问卷。本研究主要通过某旅游集团的工作人员在其工作群中发放原始问卷，对有过出国旅游经历的客户进行预调查，共收集到98份问卷，根据预调查结果对原始问卷进行完善，形成最终问卷。

（2）数据收集

本研究使用问卷星的付费样本服务，进行在线调查。要求被试者为有过出国旅游经历但还没有去过日本的消费者。本研究共收集到有效问卷615份。为了抵消顺序效应，315位被试者先启动消费者善意、后启动消费者敌意；300位被试者则相反。有效样本的主要特征如下：94.3%的被试者经常旅游；90.6%的被试者有过海外旅游经历；男性占比为42.3%，女性占比是57.7%；被试者的年龄段集中在25岁至44岁，占比达80.5%；大学本科及以上学历占比达 88.6%；税前月收入集中在 5001 元至 20000 元，占比达 82.0%，其中收入为 10001 元至 20000 元者最多，占比达 32.2%。可见，大部分有效样本群体经常旅游、有过海外旅游经历、较年轻、学历高、收入较高，为潜在的赴日旅游消费者群体。

（3）统计分析方法

本研究使用 Griffin 公式（Thompson et al.，1995）计算出的客观矛盾态度只有一个测项，偏最小二乘结构方程模型（PLS - SEM）对构念的测项数量无要求（Hair et al.，2014）。本研究使用 SmartPLS v. 3.2.7 软件进行数据分析。情感耗损与旅游意向这两个构念均被 1 个箭头指到（见图 6 - 1）。在 0.05 的显著性水平下，要检验出最小 0.10 的 R^2 值，最小样本量要求为 110 个（Hair et al.，2014），本研究的有效样本数是 615 个，满足要求。此外，本研究使用 SPSS 18.0 软件对关于消费者矛盾态度形成的假设 H6.1 进行检验。为探明能使消费者形成对特定国家目的地的较强烈的矛盾态度的消费者善意与敌意的阈值，本研究还使用 Origin2020 软件对主观矛盾态度与消费者善意及消费者敌意两变量的关系进行拟合，并运用 MATLAB 软件绘制拟合结果函数曲面。

二、数据分析

本研究参考 PLS - SEM 的权威文献进行数据分析（Hair et al.，2014；萧文龙，2013）。

1. 测量模型（外模型）

由于篇幅有限，测量模型的具体检验结果此处省略。测量模型具有良好的信度与效度，同时数据同源偏差问题不严重，变量之间的多重共线性问题不严重（Hair et al.，2014；黄敏学 等，2015）。

2. 结构模型（内模型）

（1）路径系数及其显著性检验

根据文献的建议（Hair et al.，2014），本研究采用 Bootstrapping 抽样 5000 次，得到结构模型（内模型）的路径分析与假设检验结果，如表 6 - 2 所示。

表6-2 结构方程模型路径系数及其显著性检验

研究假设	结构方程模型影响路径	路径系数	t 值	p 值	结果
H6.3	主观矛盾态度→情感耗损	0.390	10.841	0.000	显著
H6.4	情感耗损→旅游意向	-0.289	6.435	0.000	显著

注：检验类型为双尾检验，$\alpha = 0.05$。

如表6-2所示，主观矛盾态度对情感耗损有显著的正向影响；将模型中的主观矛盾态度替换为客观矛盾态度，结果表明客观矛盾态度对情感耗损的正向影响也是显著的（路径系数为0.263，t 值为6.186，p 值为0.000），假设H6.3得到支持。情感耗损对旅游意向的负向影响是显著的，假设H6.4得到支持。

（2）中介效应检验

本研究运用Sobel检验、Aroian检验和Goodman检验进行中介效应检验，结果如表6-3所示。

表6-3 中介效应检验结果

中介效应	构念关系	路径系数 t 值	Sobel 检验 z 值	Aroian 检验 z 值	Goodman 检验 z 值
主观矛盾态度→情感耗损→旅游意向	主观矛盾态度→情感耗损	10.841	5.534***	5.516***	5.551***
	情感耗损→旅游意向	6.435			

注：***表示 $\alpha < 0.001$。

由表6-3可知：情感耗损对主观矛盾态度与旅游意向之间关系起显著的中介作用；将主观矛盾态度更换为客观矛盾态度，发现情感耗损对客观矛盾态度与旅游意向之间关系的中介效应也是显著的（Sobel检验 z 值为4.454，p 值为0.000；Aroian检验 z 值为4.426，p 值为0.000；Goodman检验 z 值为4.483，p 值为0.000）。H6.5得到支持。

（3）总效应检验

主观矛盾态度对旅游意向的负向总效应是显著的（路径系数为-0.112，t 值为5.953，p 值为0.000）。将主观矛盾态度调换为客观矛盾态度，发现客观矛盾态度对旅游意向的负向总效应也是显著的（路径系数为-0.075，t 值为4.476，p 值为0.000）。

3. 形成较强烈的矛盾态度的消费者善意与敌意的阈值

消费者矛盾态度的操控方法详见本章第二节的预调查部分。第一组被试者（315位）先启动消费者善意后启动消费者敌意，第二组被试者（300位）相反处理。独立样本 t 检验的结果显示，无论是主观矛盾态度（$p=0.334$）还是客观矛盾态度（$p=0.759$），两组被试者之间均不存在显著差异，这表明消费者善意与敌意的启动顺序不影响消费者矛盾态度的操控结果，没有顺序效应。消费者善意与敌意之间的 Pearson 相关系数为 -0.070，相关性不显著（$p=0.082$），这表明两者为两个相互独立的构念。单样本 t 检验的结果显示，消费者善意均值为 5.05，消费者敌意均值为 5.16，两者均显著地大于中位数 4（p 值均为 0.000），表明两者均达到较强烈程度（Russell et al., 2011）。配对样本 t 检验的结果证实，消费者善意与敌意的差异不显著（$p=0.059$）。以上表明消费者善意与敌意均达到了较强烈程度且大致相当。运用第二章公式（2-1）计算客观矛盾态度，C 取值 2。主、客观矛盾态度显著地弱相关（Pearson 相关系数 $=0.404$，$p=0.000$）。文献指出，使用不同模型计算出来的客观矛盾态度值与直接测量出的主观矛盾态度值的相关系数在 0.36 至 0.52（Priester et al., 1996），本研究得出的相关系数在这个范围内。单样本 t 检验的结果显示，主观矛盾态度均值为 5.04，显著地大于中位数 4（$p=0.000$），表明主观矛盾态度达到了较强烈程度。客观矛盾态度的取值范围是 0 至 9（均值为 6.02，标准差为 1.27），取 5 为检验标准（Zemborain et al., 2007；黄敏学 等, 2010）。单样本 t 检验的结果显示，客观矛盾态度的均值显著地大于 5（$p=0.000$），说明客观矛盾态度也达到了较强烈程度。以上表明主、客观矛盾态度均达到了较强烈程度，H6.1 再次得到支持，这表明研究结果是稳健的。

我们进一步探讨使消费者形成对特定国家目的地的较强烈的矛盾态度的消费者善意与敌意的阈值。

我们使用两种研究方法。第一种研究方法是使用 SPSS 18.0 软件的数据筛选工具，设置 3 个筛选条件：一是消费者善意均值小于某个常数 C；二是消费者敌意均值也小于 C；三是主观矛盾态度均值大于中位数 4。三个条件必须同时满足。我们以 0.10 为差值逐渐增加 C 的取值，发现：当 $C=4.00$ 时，615 个样本中没有一个样本满足条件，这表明如果消费者善意与敌意均小于 4.00，主观矛盾态度不能达到较强烈程度；而当 $C=4.10$ 时，有 5 个样本满足条件，其中一个样本的消费者善意均值为 3.75，消费者敌意均值为 4.00，两者的差值较大（0.25），不满足两者大致相等的前提条件；其他 4 个样本的消费者善意与敌意均值都为 4.00。据此，我们判断当消费者善意与敌意均值都大于等于 4.00 且两者大致相当时，主观矛盾态度均值超过中位数 4，即 4.00 是使消费者形成较强烈的主观矛盾态度的消费者善意与敌意的阈值。

为了检验客观矛盾态度的情况，我们使用 SPSS 18.0 软件，再次设置三个筛选条件，一是消费者善意均值小于某个常数 C；二是消费者敌意均值小于 C；三是客观矛盾态度均值大于 5（客观矛盾态度的取值范围为 0 至 9，取 5 为检验标准）。三个条件必须同时满足。我们重复上述筛选过程，发现：当 C = 4.00 时，615 个样本中一个满足条件的样本也没有，这表明若消费者善意与敌意均小于 4.00，客观矛盾态度不会达到较强烈程度；而当 C = 4.10 时，共有 6 个样本满足条件，其中一个样本的消费者善意均值为 4.00，消费者敌意均值为 3.75，客观矛盾态度为 5.63；另一个样本的消费者善意均值为 3.75，消费者敌意均值为 4.00，客观矛盾态度为 5.63——这两个样本的消费者善意与敌意均值的差值的绝对值较大（0.25），不满足两者大致相等的前提条件；其他 4 个样本的消费者善意与消费者敌意均值都为 4.00。由此，我们推测当消费者善意与敌意均值皆大于等于 4.00 且两者大致相等时，客观矛盾态度超过 5 的检验标准，即 4.00 也是使消费者产生较强烈的客观矛盾态度的消费者善意与敌意的阈值。

可见，无论是以主观矛盾态度还是以客观矛盾态度为准进行分析，当消费者善意与敌意同时达到 4.00 的阈值（两者的取值范围均为 1.00 至 7.00）且大致相等时，消费者能形成较强烈的矛盾态度。

第二种研究方法如下：由于客观矛盾态度本身就是根据消费者善意与敌意的均值计算出的，见公式（2-1），不好再用函数进行拟合，我们运用 Origin2020 软件对主观矛盾态度与消费者善意及消费者敌意两变量的关系进行拟合，根据现有文献（Priester et al., 1996）选取拟合函数，如第二章的公式（2-2）所示。

其中，A 代表主观矛盾态度均值，C 代表消费者善意均值，D 代表消费者敌意均值。使用 Origin2020 软件计算出的主观矛盾态度函数的拟合参数 p = 0.17，拟合优度为 0.75。运用 MATLAB 软件根据拟合结果绘制矛盾态度函数三维曲面,为了易于观察,我们将其投射到消费者善意与敌意两变量形成的二维坐标平面中,如图6-2所示。

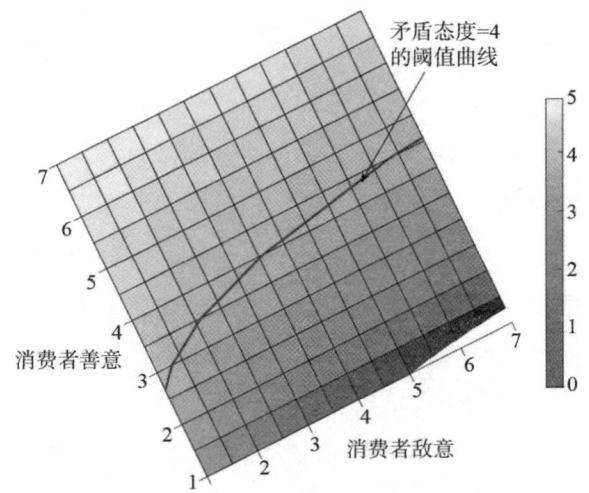

图6-2 以消费者善意与敌意为二维坐标的矛盾态度函数

我们选择中位数4作为判断矛盾态度较强烈与否的分界线,即图6-2中的矛盾态度=4的阈值曲线,位于该曲线左上侧区域的矛盾态度超过4,达到较强烈程度;而处于这条曲线右下方区域的矛盾态度小于4。在消费者善意与敌意大致相等的前提下,可以看出只有当两者的取值均大致大于4时,矛盾态度的取值才会落在该曲线左上侧,达到较强烈水平,这说明形成较强烈的矛盾态度的消费者善意与敌意的阈值大致为4。

使用两种研究方法的分析结果均表明,能使消费者形成对特定国家目的地的较强烈的矛盾态度的消费者善意与敌意的阈值为4(两者的取值范围均为1至7),即两者取值范围的中位数。

第四节 研究结论

消费者对特定国家目的地的"爱恨交织"矛盾态度影响消费者出国旅游决策。本书基于矛盾态度理论,同时检验了消费者敌意与善意对旅游意向的共同影响,研究了消费者对特定国家目的地的矛盾态度的形成机理,分析了模糊容忍度对这种矛盾态度形成的调节作用,分析了情感耗损对消费者矛盾态度与旅游意向之间关系所起的中介作用,获得了以下研究结论,并做出了新的理论贡献。

第一,在消费者出国旅游决策中,消费者善意与敌意共同影响旅游意向。消费者善意与敌意不是同一个构念的两个极端,而是两个独立的构念,两者共同影响旅游意向,其中:消费者善意正向影响旅游意向;消费者敌意负向影响旅游意向;在一些情境下,消费者善意对旅游意向的正向总效应与消费者敌意对旅游意向的负向总效应可能难分伯仲。大多数学者分别研究了消费者善意与敌意各自对消费者购买决策的影响,有少量文献注意到消费者善意与敌意共同影响购买意向,也有少量文献分别探索了消费者善意与敌意单独对旅游意向的影响,但还未发现有学者研究消费善意与敌意对消费者出国旅游决策的共同影响。与过往的研究不同,本研究同时分析了消费者善意与敌意对消费者赴目标国旅游意向的影响,这丰富了以前主要关注单一态度的研究;本研究还表明,同时发生的、相互冲突的消费者善意与敌意,除了传统的因变量(行为意向)之外,在一些情境下还会引起其他更微妙的结果,如消费者矛盾态度,据此对现有研究进行了补充。由此,本研究丰富与补充了消费者善意、消费者敌意和旅游领域的理论研究。

第二,在消费者出国旅游决策中,当消费者对特定国家的敌意与对该国作为旅游目的地的善意均达到较强程度且大致相当时,消费者会形成对该国家目的地的较强烈的矛盾态度,模糊容忍度是这种矛盾态度形成的调节因素。有少量研究在消费者购买决策中,探讨了当消费者对同一对象同时持有积极与消极态度时,如何形成矛盾态度的问题。然而,还没有发现有研究探索在消费者出国旅游决策中,消费者对特定国家目的地的矛盾态度的形成机理。本研究发现,在消费者出国旅游决策中,当消费者对特定国家目的地同时持有较强程度且大致相当的善意与敌意时,会形成对该国家目的地的较强烈的矛盾态度。本研究还进一步探明了能使消费者对特定国家目的地形成较强烈的矛盾态度的消费者善意与敌意的阈值,该阈值为两者取值范围的中位数,从而对矛盾态度理论提及的"较强程度"的消极与积极态度进行了明确的界定,这是过往研究没有进行过的工作。同时,本研究还分析了消费者对特定国家目的地的矛盾态度形成的调节因素,即模糊容忍度:模糊容忍度越高,消费者越容易形成这种矛盾态度，这也是过往的研究所忽略的。由此，本研究将消费者矛盾态度这一构念引入消费者出国旅游研究领域，扩展了矛盾态度理论的应用范围，同时也发展了矛盾态度理论。

第三，消费者矛盾态度引发情感耗损，进而减弱消费者赴目标国旅游意向。过往的研究主要在消费者购买决策情境下探索了消费者矛盾态度对购买意向的影响；近两年也有一些学者开始在消费者旅游决策情境下，探讨消费者对冲突性在线酒店评论的矛盾态度如何影响其对酒店服务的购买意向。然而，还没有发现有研究在消费者出国旅游决策情境中，探索消费者对特定国家目的地的矛盾态度怎样影响旅游意向问题。此外，矛盾态度到底会增强还是会减弱行为意向？学者们各持己见。一些学者认为矛盾态度会促使个体投入更多认知资源进行系统式思考，从而增强行为意向；而另一些学者则指出矛盾态度会引发个体的心理不适，从而减弱行为意向。本研究认为，除了主效应之外，更重要的是揭示产生积极或消极影响的内在心理机制，因此引入情感耗损这一中介变量来尝试解决上述争论。本研究发现在消费者出国旅游决策中，消费者对特定国家目的地的矛盾态度会引发情感耗损，如果在这种情境下消费者必须制定出国旅游决策，那么这一方面使消费者没有更多的心智资源与精力进行系统式思考，另一方面情感耗损状态本身也包含了一些负面情绪（如：紧张、挫折和有压力等），以上两方面共同造成消费者赴目标国旅游意向的降低。因此，本研究丰富了消费者矛盾态度在旅游领域的理论研究，扩展了情感耗损这一构念在消费者行为与旅游研究领域的应用，并从新的视角在一定程度上解决了关于矛盾态度与行为意向之间关系的争论。

第七章 消费者对特定国家目的地的矛盾态度的形成机理与缓解机制

第一节 理论基础与研究模型

一、正念

当个体对态度对象同时持有较强的积极与消极情感时，可能感到冲突、不适（Priester, Petty, 1996）；正念（mindfulness）能减少个体的焦虑、不安，使个体获得内心的安宁（马克·威廉姆斯，丹尼·彭曼，2013）。基于此，学者们开始关注正念与矛盾态度之间的关系（Haddock et al., 2017；Weng, DeMarree, 2019）。但还没有文献在消费者出国旅游情境下探讨正念与消费者矛盾态度之间的关系。

正念反映个体对当下正在发生的事情有意识地关注，而较少关注对过去的反思与对未来的焦虑（Haddock et al., 2017）。正念使现实—理想自我不一致减少（Crane et al., 2008），而较高的自我一致性使矛盾态度较难形成（DeMarree et al., 2014）。正念使个体对相互冲突的积极与消极情感更为开放，以非判断性的态度接受这些情感（Cardaciotto et al., 2008），从而使矛盾态度较难产生。正念能帮助个体处理和容忍相互冲突的积极与消极情感（Weng, DeMarree, 2019），从而使矛盾态度较难形成。因此，正念水平高的消费者可能较难形成对特定国家目的地的矛盾态度。

当矛盾态度形成之后，个体由于认知失调而感到不适（Akhtar et al.,

2019),但不同心理特征的个体体验到的不适程度不同(Wang et al.,2016)。正念的一个核心要素是以一种非判断性与非反应性的方式来思考自身的世界(Brown et al.,2015)。鉴于正念中非评价性体验的重要性,当形成矛盾态度之后,正念水平高的个体可能较少体验到不适感,因为正念允许较弱的心理抗拒来应对相互竞争的信念(Haddock et al.,2017)。正念水平高的个体更能接受不确定性(Frewen et al.,2008),对不确定性的反应也更积极(Haddock et al.,2017)。正念使个体较少纠缠于相互冲突的情感(Weng,DeMarree,2019),因此可能较少体验到不适。因此,正念水平高的消费者可能较少体验到由矛盾态度引发的认知失调不适感。

根据以上推论,本书提出以下假设:

H7.1:当消费者对特定国家目的地的善意与对该国的敌意同时达到较强程度且大致相当时,形成对该国家目的地的矛盾态度;正念是形成这种矛盾态度的调节因素,消费者的正念水平越高,越难形成这种矛盾态度。

H7.2:消费者矛盾态度导致认知失调,使消费者产生心理上的不适;正念对上述过程起调节作用,消费者的正念水平越高,越少体验到由矛盾态度引发的认知失调不适感。

少量文献探索了消费者矛盾态度的缓解机制(Zemborain,Johar,2007;黄敏学 等,2010;潘晓波,黄卫来,2015)。这些文献聚焦于探讨消费者如何在购买决策中缓解矛盾态度,尚未发现有文献探讨消费者如何在出国旅游决策中缓解矛盾态度。此外,现有文献探索了评论和口碑的数量(Sipilä et al.,2017)、质量(单春玲,赵含宇,2017)、极性(黄敏学 等,2010)和主客观性(潘晓波,黄卫来,2015)等外在信息特征对消费者的矛盾态度缓解策略的影响,尚未发现有文献探索消费者的内在心理特征对其矛盾态度缓解策略的影响。为了探讨这一问题,本研究引入认知失调理论、辩证与形式逻辑思维理论、调节聚焦理论。

二、认知失调理论

消费者矛盾态度常使消费者感到心理上的紧张、冲突和不适(Pang et al.,2017;Wang et al.,2016),这和消费者认知失调后的心理体验是相似的(van Harreveld et al.,2015)。因此本研究基于认知失调理论来解释消费者矛盾态度的缓解机制。

Festinger（1957）提出认知失调理论（the theory of cognitive dissonance），认为个体倾向于在思想、情感和态度上保持一致。当两种想法或信念（认知）在心理上不一致时，个体就会感到紧张（失调）。认知失调理论主要用来解释个体的态度与行为之间的矛盾关系（van Harreveld et al., 2015）；由此延伸，态度成分的不一致也会让个体感到不适（徐展菲，席居哲，2017）。例如，积极与消极情感冲突会让个体由于认知失调而感到不适，这驱使个体努力减少失调，达到协调（Festinger, 1957）。个体减少失调的方式主要有3种：改变态度、改变行为、为行为寻找理由（Cakici, Shukla, 2017; Festinger, 1957）。个体缓解矛盾态度与减少失调的过程是类似的，但有一点不同：认知失调发生在消费者已经做出决策之后，主要用来解释购后冲突；而矛盾态度发生在消费者尚未做出决策之前（van Harreveld et al., 2015）。在本研究情境中，因为消费者的实际出国旅游行为尚未发生，不能改变行为，所以消费者只能通过改变态度与为潜在行为寻找理由两种方式来缓解矛盾态度。消费者倾向于使用哪一种方式？本研究引入辩证与形式逻辑思维理论来进一步分析这一问题。

三、辩证与形式逻辑思维理论

Peng 和 Nisbett（1999）提出辩证与形式逻辑思维理论来解释不同文化背景下的个体处理矛盾的差异。形式逻辑思维（formal logic thinking）来源于西方文化背景下的亚里士多德的形式逻辑哲学思想；辩证思维（dialectical thinking）来源于中国文化背景下的儒（中庸）、道（阴阳）、佛（空）等哲学思想（Peng, Nisbett, 1999）。不同思维模式的个体处理矛盾的策略不同。辩证思维的个体相信"每个硬币都有两面"，认为矛盾是自然的、常见的和持久的；形式逻辑思维的个体相信"事物非黑即白"，认为矛盾是应避免的、应化解的和暂时的（Pang et al., 2017; Peng, Nisbett, 1999; Wang et al., 2016）。

学者们研究了在消费者购买决策过程中，当看到不同极性的信息（积极/消极/混合）时，不同思维模式（辩证思维/形式逻辑思维）的消费者体验到的矛盾程度（Akhtar et al., 2019; Wang et al., 2016）与随之而来的心理不适程度的不同（Hwang et al., 2018; Pang et al., 2017）。但还没有文献研究不同思维模式（辩证思维/形式逻辑思维）的矛盾消费者在体验到心理上的不适之后，缓解矛盾态度策略的不同。

结合认知失调理论、辩证与形式逻辑思维理论，当同时持有积极与消极情感之后，为了缓解由于认知失调而产生的不适感，形式逻辑思维的个体倾向于改变态度（初始情感），走向一个极端；辩证思维的个体倾向于为自己的潜在行为寻找理由（Peng，Nisbett，1999）。消费者倾向于走向积极还是消极的极端？倾向于趋近行为还是为规避行为寻找理由？本研究引入调节聚焦理论来进一步分析这一问题。

四、调节聚焦理论

Higgins（1997）提出调节聚焦理论（regulatory focus theory），认为对两种不同终极状态（理想/责任终极状态）的追求，产生了两种不同的调节聚焦：促进聚焦（promotion focus）与防御聚焦（prevention focus）（朱丽叶，2009）。促进聚焦的个体更关注事物的积极方面，趋于追求正面结果（获得、希望和成就等）；防御聚焦的个体更关注事物的消极方面，趋于规避负面结果（风险、安全和责任等）（Higgins et al.，2001；张黎 等，2011）。尚未发现有文献基于调节聚焦理论研究消费者矛盾态度问题。综合认知失调理论、辩证与形式逻辑思维理论、调节聚焦理论，为了缓解由于认知失调而产生的不适感，辩证思维—促进聚焦的个体更倾向于为自己的潜在趋近行为寻找支持性理由；辩证思维—防御聚焦的个体更倾向于为自己的潜在规避行为寻找回避性理由；形式逻辑思维—促进聚焦的个体更倾向于改变自己的初始态度，使积极态度更强烈，趋近行为意向更明显；形式逻辑思维—防御聚焦的个体更倾向于改变自己的初始态度，使消极态度更强烈，规避行为意向更明显。

根据以上推论，本研究提出以下假设：

H7.3：辩证思维的矛盾消费者会为自己赴目标国家目的地旅游决策寻找理由，但促进与防御聚焦的消费者的出国旅游决策结果不同。

H7.3a：促进聚焦的矛盾消费者会为自己赴目标国家目的地旅游寻找支持性理由，以减少失调，从而更倾向于赴目标国家目的地旅游。

H7.3b：防御聚焦的矛盾消费者会为自己不赴目标国家目的地旅游寻找回避性理由，以减少失调，从而更倾向于不赴目标国家目的地旅游。

H7.4：形式逻辑思维的矛盾消费者会改变自己对目标国家目的地的初始态度，

但促进与防御聚焦的消费者的情感改变方向不同，出国旅游决策结果也不同。

H7.4a：促进聚焦的矛盾消费者会增强自己对目标国家目的地的积极态度、减弱消极态度，以减少失调，从而更倾向于赴目标国家目的地旅游。

H7.4b：防御聚焦的矛盾消费者会增强自己对目标国家目的地的消极态度、减弱积极态度，以减少失调，从而更倾向于不赴目标国家目的地旅游。

综上所述，本研究的研究框架如图7-1所示。

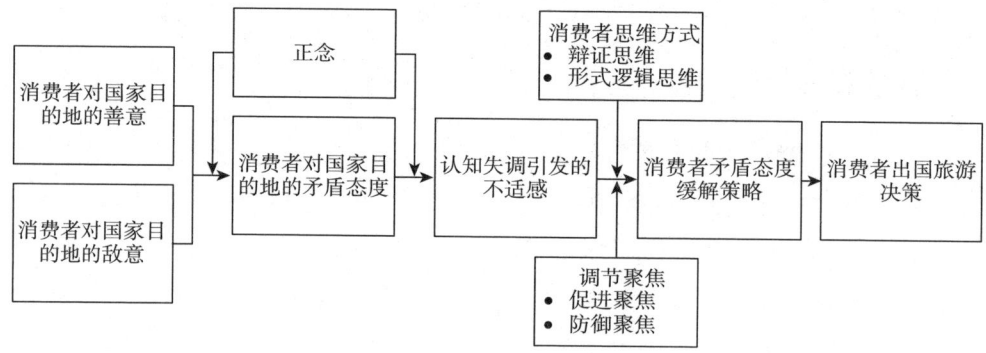

图7-1 消费者对特定国家目的地的矛盾态度的形成机理与缓解机制

第二节 正念对消费者矛盾态度形成及其引发的认知失调不适感的调节作用

一、研究方法

1. 研究情境

根据前几章所述的原因，选择中国消费者赴日旅游决策作为研究情境。

2. 预调查

预调查参见第六章第二节预调查部分，此处不再重复。预调查的结果表明，情境材料是合适的，消费者矛盾态度的操控方法是可行的。

3. 正式调查

（1）问卷设计

问卷包括三部分。第一部分使用预实验中设计的情境材料，先启动被试者对日本目的地的善意，对该善意进行测量；然后启动被试者对日本的敌意，提示被试者忽视之前的积极情感，对该敌意进行测量。第二部分测量消费者的主观矛盾态度（Priester，Petty，1996；Russell et al.，2011）、认知失调引发的不适（Elliot，Devine，1994）、消费者出国旅游决策（共有5种策略，详见后文），随后测量正念（Brown，Ryan，2003）。正念使用6点量表进行测量，1 = 几乎总是，6 = 几乎从不（Brown，Ryan，2003）；认知失调引发的不适使用5点NPS量表进行测量，1 = 非常轻微，5 = 非常强烈（Elliot，Devine，1994）；由于问卷较复杂，为了减少被试者的认知负担，其余问项使用5点李克特量表进行测量。第三部分是个人信息。

（2）预调查

本研究对19位被试者进行了预调查，根据反馈意见对问卷进行完善。

（3）数据收集

本研究在问卷星上设计与发布问卷，付费使用其样本服务，进行问卷调查：收回有效问卷226份，79.65%的调查对象有过出国旅游经历，数据质量较好。

（4）统计分析方法

本研究使用SmartPLS v.3.2.7与SPSS 18.0软件分析数据。综合考虑某个构念被指到的最大箭头数（Hair et al.，2014）、可接受的误差幅度、α水平和样本总体标准差的估计（梁建，谢家琳，2018），最小样本量为176个，本研究的有效样本量为226个，满足要求。

二、数据分析

1. 消费者善意、敌意和矛盾态度操控检验

消费者善意与敌意的Pearson相关系数为-0.12，相关性不显著（$p = 0.07$），这表明两者为两个独立的变量。消费者善意均值为4.10，消费者敌意均值为4.20，两者均较强烈（中位数为3.00）且两者的差异不显著（$p = 0.08$）。这说明消费者善意与敌意均达到较强程度且大致相当。运用公式（2-1）计算客观矛盾态度。为保证客观矛盾态度的值不为负数，C取值1.00。主、客观矛盾态度显著地弱相关（Pearson相关系数为0.38，$p = 0.00$），相关系数在正常范围内（Priester，Petty，1996）。主观矛盾态度的均值为3.56，大于中位数3.00；客观矛盾态度的均值为4.52，大于3.00的检验标准

（Zemborain et al., 2007；黄敏学 等，2010）——这表明主、客观矛盾态度均达到较强程度。综上所述，消费者善意、敌意和矛盾态度的操控是成功的。

2. 测量模型（外模型）

（1）信度检验

根据文献建议的处理方法（Hair et al., 2014），确保所有问项的因子载荷满足要求（Hair et al., 2014）；所有构念的 CR 值大于 0.70 的限制性水平，内部一致性较好（Hair et al., 2014）。

（2）效度检验

各构念的 AVE 值大于 0.50 的限制性水平，收敛效度较好（Hair et al., 2014）；每个构念的 AVE 值的平方根大于它与其他构念的相关系数，区别效度较好（Hair et al., 2014）。

（3）数据同源偏差检验

本项目使用以下方法进行数据同源偏差检验（黄敏学 等，2015）：第一，设置反向测项。例如，在消费者善意的测项中，加入一个反向测项"当作为一个旅游目的地时，我不喜欢日本"。第二，运用 Harman 的单因子检验法，对所有测项进行探索性因子分析。结果表明，第一个因子的方差解释率为 16.13%，小于 50.00%。第三，构念之间的相关系数的最大值为 0.40，小于 0.90（黄敏学 等，2015）。以上表明数据同源偏差不严重。

（4）多重共线性检验

通过以下两个步骤检验多重共线性（Hair et al., 2014）：第一，构念之间的方差膨胀因子（VIF）的最大值为 1.02，小于 5.00。第二，采用 Bootstrapping 抽样 5000 次，发现所有问项的外部权重均在 $\alpha = 0.05$ 的显著性水平下显著。以上表明变量之间的多重共线性不严重。最后，偏最小二乘结构方程模型无须检验模型的拟合度（Hair et al., 2014）。

3. 结构模型（内模型）

（1）路径系数的显著性检验

根据文献的建议（Hair et al., 2014），采用 Bootstrapping 抽样 5000 次，检验类型为双尾检验，显著性水平 $\alpha = 0.05$。结果显示，主观矛盾态度显著地正向影响认知失调引发的不适（路径系数 = 0.23，$t = 2.68$，$p = 0.01$）。客观矛盾态度结果类似，此处省略。

(2) 消费者矛盾态度形成的边界条件检验

根据文献推荐的方法（Gilliam et al., 2010；Weng et al., 2019；姜雨峰等, 2015），运用 SPSS 18.0 软件进行三维交互作用的逐步回归分析，结果如表 7-1 所示。

表 7-1 三维交互作用的逐步回归分析

自变量	消费者矛盾态度		
	Model 1	Model 2	Model 3
消费者敌意	0.663***	0.643***	0.646***
消费者善意	0.567***	0.698***	0.663***
正念	0.012	-0.004	0.001
消费者敌意*消费者善意		0.827***	0.903***
消费者敌意*正念		-0.078*	-0.122**
消费者善意*正念		-0.039	0.033
消费者敌意*消费者善意*正念			-0.150*
R^2	0.532	0.775	0.781
ΔR^2	0.133	0.004	0.006
F 值	126.535***	189.986***	156.704***

注：*、**、***分别表示在 $\alpha = 0.05$、0.01、0.001 的显著性水平下显著；消费者矛盾态度使用的是客观矛盾态度，使用主观矛盾态度的结果类似，此处省略。

如表 7-1 中的 Model 3 所示。第一，消费者敌意越强，消费者矛盾态度越强（$\beta = 0.646$，$p = 0.000$）。第二，消费者敌意与善意的交互项显著（$\beta = 0.903$，$p = 0.000$），这表明消费者敌意与善意越强烈，越容易形成消费者矛盾态度。第三，消费者敌意、善意和正念三者的交互项显著（$\beta = -0.150$，$p = 0.010$），这表明消费者的正念水平越高，越难以形成矛盾态度，H7.1 得到支持。

(3) 正念的调节效应检验

根据文献的建议（Hair et al., 2014），本研究使用 SmartPLS v3.2.7 软件生成以正念为调节变量（计算方法：二阶段；乘积项：均值中心化），以消费者矛盾态度为自变量，以认知失调引发的不适感为因变量的调节效应。检验以消费者矛盾态度、正念、调节效应为自变量，以认知失调引发的不适感为因变量的影响模型。根据文献的建议（Hair et al., 2014），本研究采用 Bootstrapping 抽样 5000 次，得到路径分析与假设检验结果，如表 7-2 所示。

表 7-2 正念的调节效应检验

结构模型路径	路径系数	t 值	p 值	检验结果
调节效应→认知失调引发的不适	-0.174	2.460	0.014	显著
消费者矛盾态度→认知失调引发的不适	0.188	2.231	0.026	显著
正念→认知失调引发的不适	-0.198	1.725	0.085	不显著

注：检验类型为双尾检验，显著性水平 $\alpha=0.05$。

如表 7-2 所示，在 $\alpha=0.05$ 的显著性水平下，调节效应显著地负向影响认知失调引发的不适，这表明：正念对消费者矛盾态度对认知失调引发的不适感的影响关系起负向调节作用，H7.2 得到支持。

（4）认知失调不适心理状态下的消费者出国旅游决策

消费者矛盾态度引发认知失调不适感，在这种心理状况下，4.425% 的消费者表示"永远不去日本旅游"（策略一）；14.602% 的消费者表示"未来几年都不去日本旅游"（策略二）；30.088% 的消费者表示"按原计划的时间出国旅游，但不去日本"（策略三）；40.266% 的消费者表示"过一段时间再去日本旅游"（策略四）；只有 10.619% 的消费者表示"按原计划去日本旅游"（策略五）。可见，当对特定国家目的地形成矛盾态度而感到不适之后，大部分消费者使用的是"拖延"（策略四，40.266%）和"回避"（策略一至策略三，49.115%）策略。

综上所述，H7.1、H7.2 得到支持。

第三节 消费者对特定国家目的地的矛盾态度的缓解机制

一、研究方法

1. 整体设计

因为首先要使被试者形成矛盾态度，所以本研究仍选择中国消费者赴日旅游决策作为研究情境。本研究包括连续的 3 个实验：实验一使用预实验所使用的情境材料来启动消费者对日本目的地的善意与对日本的敌意，使他们形成矛盾态度；实验二启动消费者的不同思维模式（辩证思维/形式逻辑思维）；实验三启动消费者的不同调节聚焦（促进聚焦/防御聚焦）。本研究采用在线实验研究的方法（张岩 等，2018），付费使用问卷星的样本服务。本研究共有4组被试者，第一组启动辩证思维、促进聚焦（59个有效样本）；第二组启动形式逻辑思维、促进聚焦（59个有效样本）；第三组启动辩证思维、防御聚焦（56个有效样本）；第四组启动形式逻辑思维、防御聚焦（55个有效样本）。

2. 实验一

所有被试者均先参加实验一，先启动他们对日本目的地的善意与对日本的敌意，使用5点李克特量表进行测量。以第一组被试者为例，消费者敌意与善意的Pearson相关系数为-0.12，相关性不显著（$p=0.39$）；消费者敌意均值为4.27，消费者善意均值为4.03，两者均大于中位数3，且两者差异不显著（$p=0.14$）。以上表明消费者敌意与善意是两个独立的构念，两者均达到较强程度且大致相当。主观矛盾态度的均值为3.25，使用第二章的公式（2-1）计算出的客观矛盾态度的均值为5.28（为保证客观矛盾态度的值不为负数，C取值2.00），两者均大于中位数3，这表明主、客观矛盾态度均达到较强程度。主、客观矛盾态度中度相关（Pearson相关系数为0.50，$p=0.00$），相关系数处于正常范围（Priester，Petty，1996）。其他3组被试者的矛盾态度的操控结果类似，此处省略。

综上所述，消费者矛盾态度的操控是成功的，被试者形成了较强烈的矛盾态度。

3. 实验二

第一组、第三组被试者启动辩证思维；第二组、第四组被试者启动形式逻辑思维。

（1）启动辩证思维

以第一组被试者为例，让被试者阅读5句谚语："闪光的不一定都是金子""乐极生悲""塞翁失马，焉知非福""大智若愚""良药苦口利于病"，请被试者思考并给出这些谚语的共同启示（Wang et al.，2016）。之后，使用简短版的辩证的自我量表（Spencer-Rodgers et al.，2010）进行操控性检验（$\alpha=0.68$），使用5点李克特量表进行测量。

（2）启动形式逻辑思维

以第二组被试者为例，让被试者阅读5句谚语："种瓜得瓜，种豆得豆""工欲善其事，必先利其器""有其父必有其子""上梁不正下梁歪""善有善报，恶有恶报"，请被试者思考并给出这些谚语的共同启示（Wang et al.，2016）。之后，使用简短版的辩证的自我量表（Spencer – Rodgers et al.，2010）进行操控性检验（$\alpha = 0.75$），使用5点李克特量表进行测量。

对比分析第一组、第二组被试者，第一组被试者的辩证思维得分均值为3.73，第二组被试者的辩证思维得分均值为3.23，两者差异显著（$F = 1.58$，$p = 0.00$）。第三组、第四组被试者的操控性检验结果类似，此处省略。

综上所述，思维模式的操控是成功的，第一组、第三组被试者启动了辩证思维；第二组、第四组被试者启动了形式逻辑思维。

4. 实验三

第一组、第二组被试者启动促进聚焦；第三组、第四组被试者启动防御聚焦。

（1）启动促进聚焦

以第一组被试者为例，让被试者阅读一段关于希望与梦想的话，请被试者思考并给出这段话的启示（Pham，Avnet，2004；张黎 等，2011）。之后，使用促进与防御聚焦量表（Higgins et al.，2001）进行操控性检验，使用5点李克特量表进行测量。第一组被试者的促进聚焦得分均值为3.58，防御聚焦得分均值为3.06，两者差异显著（$p = 0.00$），可见第一组被试者成功地启动了促进聚焦。

（2）启动防御聚焦

以第三组被试者为例，让被试者阅读一段关于风险与安全、责任与义务的话，请被试者思考并给出这段话的启示（Pham，Avnet，2004；张黎 等，2011）。之后，使用促进与防御聚焦量表（Higgins et al.，2001）进行操控性检验，使用5点李克特量表进行测量。第三组被试者的促进聚焦得分均值为2.54，防御聚焦得分均值为3.76，两者差异显著（$p = 0.00$）。可见第三组被试者成功地启动了防御聚焦。第二组、第四组被试者的操控性检验结果类似，此处省略。

综上所述，调节聚焦的操控是成功的，第一组、第二组被试者启动了促进聚焦；第三组、第四组被试者启动了防御聚焦。

实验一至实验三结束之后，调查消费者的矛盾态度缓解策略、出国旅游决策和个人信息。

二、数据分析

将不同心理特征的消费者的矛盾态度缓解策略与出国旅游决策汇总如表 7-3 所示。

表 7-3　消费者的矛盾态度缓解策略与出国旅游决策

	具体策略	第一组（辩证思维—促进聚焦）	第二组（形式逻辑思维—促进聚焦）	第三组（辩证思维—防御聚焦）	第四组（形式逻辑思维—防御聚焦）	没有缓解矛盾态度时
消费者的矛盾态度缓解策略	为去日本旅游寻找支持性理由	42.373%	30.508%	33.929%	23.636%	
	为不去日本寻找回避性理由	13.559%	8.475%	48.214%	20.000%	
	使自己对日本作为旅游目的地的积极情感更强烈	15.254%	35.593%	7.143%	7.273%	
	使自己对日本作为旅游目的地的消极情感更强烈	28.814%	25.424%	10.714%	49.091%	
消费者出国旅游决策	按原计划去日本旅游	28.814%	42.373%	16.071%	16.268%	10.619%
	过一段时间再去日本旅游	30.508%	18.644%	37.500%	23.636%	40.266%
	按原计划的时间出国旅游，但不去日本	18.644%	23.729%	21.429%	25.455%	30.088%
	未来几年都不去日本旅游	16.949%	10.169%	19.643%	29.091%	14.602%
	永远不去日本旅游	5.085%	5.085%	5.357%	5.550%	4.425%

1. 消费者的矛盾态度缓解策略分析

4 组被试者的矛盾态度缓解策略存在显著差异（$F = 5.47$，$p = 0.00$）。

（1）第一组被试者（启动辩证思维—促进聚焦）更倾向于为去日本旅游寻找支持性理由（42.373%），其典型矛盾态度缓解策略是："我会为去日本旅游寻找理由。因为我们应该辩证地看待赴日旅游与爱国这两件事情，去日本旅游并不代表不爱国。此外，日本政府的不当行为主要是政治层面的事情，而去日本旅游是个人的自由喜好与选择，两者应该分开来看。因此，我不再矛盾。"

（2）第二组被试者（启动形式逻辑思维—促进聚焦）更倾向于使自己对

日本作为旅游目的地的积极情感更强烈（35.593%），其典型矛盾态度缓解策略是："使自己的积极情感更强烈。我早就想去日本看看，现在正是最好的季节；旅行社正在大力促销，现在去日本非常划算！况且我已经通过旅行社预订好了行程。我去日本旅游不为别的，就是因为我想去，其他因素改变不了我的决定。因此，我不再矛盾。"

（3）第三组被试者（启动辩证思维—防御聚焦）更倾向于为不去日本旅游寻找回避性理由（48.214%），其典型矛盾态度缓解策略是："我会为不去日本旅游寻找理由。去日本旅游可能使周围的人认为我不爱国，有损我的社会形象，对我造成不良影响。此外，对我很重要的人可能反对我去日本旅游，违背他们的意见会对我造成损失。以上风险使我不去日本旅游，因此我不再矛盾。"

（4）第四组被试者（启动形式逻辑思维—防御聚焦）更倾向于使自己对日本作为旅游目的地的消极情感更强烈（49.091%），其典型矛盾态度缓解策略是："使自己的消极情感更强烈。虽然我已计划好了去日本旅游，但是日本政府的行为实在让人无法忍受，我对日本非常愤怒！现在去日本旅游就是不爱国，作为一个爱国的中国人，我有责任与义务不去日本旅游。况且选择那么多，我没有必要非得冒险去日本。因此，我不再矛盾。"

2. 消费者出国旅游决策分析

当没有缓解矛盾态度时，矛盾的消费者的主要策略是拖延，即"过一段时间再去日本旅游"（40.266%），仅有10.619%的消费者坚持按原计划去日本旅游。在启动消费者的促进聚焦之后，"按原计划去日本旅游"的消费者的比例大幅提升；尤其是同时启动形式逻辑思维与促进聚焦之后，坚持按原计划去日本旅游的消费者大幅提升至42.373%。在启动消费者的防御聚焦后，不去日本旅游的消费者（包括换一个目的地、未来几年不去、永远不去）比例提高，尤其是同时启动形式逻辑与防御聚焦之后，有60.096%的消费者不去日本旅游。

3. 消费者的矛盾态度缓解策略对其出国旅游决策的影响

按照消费者的矛盾态度缓解策略从消极到积极的激烈程度，为4种策略赋值："使消极情感更激烈"＝1，"寻找回避性理由"＝2，"寻找支持性理由"＝3，"使积极情感更激烈"＝4。按照消费者去日本旅游的意向的强烈程度，为5种决策赋值："永远不去"＝1，"未来几年不去"＝2，"换一个目的地"=3,"过段时间去"=4,"按原计划去"=5。建立以消费者矛盾态度缓解策略为自变量、消费者出国旅游决策为因变量的回归模型。将4组数据汇总,样本量为228份。研究结果表明:回归模型是有效的($F=133.15$,$p=0.00$,$R^2=0.37$);消费者的矛盾态度缓解策略显著影响消费者出国旅游决策($\beta=0.68$,$t=11.54$,$p=0.00$)。

综上所述,H7.3、H7.4得到支持。

第四节 研究结论

第一,当消费者对特定国家目的地的积极情感与对该国的消极情感均达到较强程度且大致相当时,形成对该国家目的地的矛盾态度;这种矛盾态度导致消费者认知失调,产生心理上的不适,从而拖延或回避赴该国家目的地旅游。正念是上述矛盾态度形成的调节因素,正念水平高的消费者较难形成上述矛盾态度;同时,正念也对认知失调产生的不适感起调节作用:正念水平高的消费者较少体验到由矛盾态度引发的认知失调不适感。

第二,矛盾的消费者在出国旅游决策中的主要动机是努力减少失调、达到协调,但不同心理特征的消费者的矛盾态度缓解策略存在显著差异:辩证思维—促进聚焦的消费者更倾向于为赴目标国家目的地旅游寻找支持性理由(策略一);形式逻辑思维—促进聚焦的消费者更倾向于使自己对目标国家目的地的积极态度更强烈(策略二);辩证思维—防御聚焦的消费者更倾向于为不赴目标国家目的地旅游寻找回避性理由(策略三);形式逻辑思维—防御聚焦的消费者更倾向于使自己对目标国家目的地的消极态度更强烈(策略四)。上述四种策略显著影响最终的出国旅游决策:使用策略一的消费者虽倾向于赴目标国家目的地旅游,但想过一段时间再去;使用策略二的消费者倾向于按原计划赴目标国家目的地旅游;使用策略三的消费者倾向于在敏感期不赴目标国家目的地旅游;使用策略四的消费者倾向于长期不赴目标国家目的地旅游。

以上论述表明:在消费者出国旅游决策情境下,不同心理特征的消费者体验到的矛盾态度与随之而来的不适感的程度不同,缓解矛盾态度的策略不同,最终出国旅游决策也不同,旅游管理者有必要有针对性地制定旅游营销策略。

第八章　全书的结论

消费者在进行出国旅游决策时，常常持有对特定国家目的地的矛盾态度。然而很少有学者深入研究消费者矛盾态度对其出国旅游决策的影响。本书围绕此话题收集了中外消费者的多套数据，开展了多项研究，主要内容如下：第一章为绪论，讲述研究背景和研究意义；第二章梳理了消费者敌意、善意和矛盾态度的现有文献；第三章至第五章研究了在长期一般情形下，消费者的稳定性善意与敌意对旅游意向的影响机制，分析了调节聚焦与文化接近性的调节作用，以及目的地形象与感知风险的中介作用；第六章与第七章研究了在一些特殊情形下，消费者对特定国家目的地的矛盾态度的形成机理及其对旅游意向的影响机制，分析了模糊容忍度与正念对消费者矛盾态度形成的调节作用，以及情感耗损对矛盾态度与旅游意向之间关系的中介作用，还研究了矛盾的消费者如何在其出国旅游决策过程中缓解其矛盾态度问题。本书最主要的贡献是将消费者矛盾态度这个心理构念引入消费者出国旅游决策研究领域，具体的研究结论与理论贡献如下。

第一节　研究结论与理论贡献

第一，将消费者善意与敌意作为形成性构念开展实证研究，结构模型的解释力更强。在进行关于消费者善意与敌意的实证研究之前，首先应该开展定性研究，调查清楚某国消费者对特定国家形成敌意的原因以及对该国作为旅游目的地形成善意的原因；然后据此构建消费者善意与敌意的形成性测量模型，进行进一步的实证研究。当前大多数文献是使用反映性测量模型来研究消费者善意与敌意,并且使用通用的量表来测量两者。本书发现,消费者对不同国家目的地产生善意与敌意的原因是不一样的,且使用这两个构念的形成性测量模型时,结构模型的解释力更强。因此,本书进一步明确了消费善意与敌意两个构念的内涵,有利于未来更好地开展消费者善意与敌意的实证研究。

第二,消费者善意与敌意不是同一个构念的两极,而是两个不同的构念,两者共同影响消费者出国旅游决策。在消费者出国旅游决策中,消费者可以同时持有对特定国家的敌意与该国作为旅游目的地的善意,两者共同影响消费者赴目标国旅游意向,消费者善意正向影响旅游意向,消费者敌意负向影响旅游意向。从长期来看,消费者对目标国作为旅游目的地的稳定性善意强于对该国的稳定性敌意,且消费者善意对旅游意向的正向影响大于消费者敌意的负向影响。即从长期来看,消费者善意对消费者出国旅游决策起主导作用。过往还没有其他文献研究消费者善意与敌意对消费者出国旅游决策的共同影响,因此本书进一步丰富了消费者善意与敌意的理论研究。

第三,国家目的地形象是影响消费者善意与旅游意向之间关系的中介变量;感知风险是影响消费者善意/敌意与旅游意向之间关系的中介变量;文化接近性能在一定程度上减弱消费者敌意对旅游意向的消极影响。在消费者出国旅游决策中,消费者善意能改善国家目的地形象、降低感知风险,进而提升旅游意向;而消费者敌意却会提升感知风险,进而降低旅游意向;此外,消费者敌意只能微弱地损害国家形象,进而微弱地降低旅游意向。在消费者购买决策中,学者们对消费者敌意对购买意向的影响的中介机制有不同观点:一些学者认为消费者对来自目标国的产品的评价不会因消费者敌意而扭曲,消费者敌意直接影响购买意向;而另一些学者则认为消费者敌意会降低其对来自目标国的产品的评价,进而降低购买意向。本研究发现,虽然国家目的地是一种特殊的旅游"产品",但消费者对特定国家的敌意只能微弱地损害该国家作为旅游目的地的形象;不同的是,目的地形象却是影响消费者善意与旅游意向之间关系的重要中介变量。这表明消费者善意与敌意通过目的地形象对旅游意向的影响是非对称的。此外,出国旅游决策伴随的风险比一般的产品购买决策高,因此感知风险是影响消费者善意/敌意与旅游意向之间关系的重要中介变量。本书在消费者出国旅游决策情境下,探索了消费者善意与敌意对旅游意向的影响的中介机制,推进了消费者善意与敌意的理论研究;本书将目的地形象与感知风险和消费者善意及敌意的研究联系起来，也丰富了目的地形象与感知风险的理论研究。最后，本书发现，人际与家庭文化接近性能在一定程度上减弱消费者敌意对旅游意向的消极影响。过往还没有文献研究探索消费者善意/敌意对行为意向的影响的调节因素。因此本书进一步明晰了消费者善意与敌意对行为意向的影响机制。

第四，在消费者出国旅游决策中的一些情境下，当消费者对特定国家的敌意与对该国作为旅游目的地的善意均到达一定强烈程度（至少超过两者取值范围的中位数）且大致相当时，消费者可能对该国家目的地形成较强烈的矛盾态度。模糊容忍度与正念是上述过程的调节因素，消费者的模糊容忍度越高，越容易形成上述矛盾态度；消费者正念水平越高，越难以形成上述矛盾态度。过往还没有研究在消费者出国旅游决策中探索消费者对特定国家目的地的矛盾态度的形成机理，也没有文献研究这种矛盾态度形成的调节因素。本书基于矛盾态度理论与矛盾论研究了上述问题，扩展了这两大理论在出国旅游研究领域的应用，同时也将正念与模糊容忍度两大心理构念引入旅游研究领域。矛盾态度理论提及，当个体对同一态度对象的积极与消极态度均达到一定强烈程度且大致相当时，消费者会形成对该态度对象的矛盾态度。本书找出能够形成消费者矛盾态度的消费者善意与敌意的阈值（即两者取值范围的中位数），从而对积极与消极态度的"一定强烈程度"进行了明确的界定；同时本书还证实了模糊容忍度与正念对消费者矛盾态度形成的调节作用。这些都是先前的研究没有进行过的工作，因此本书进一步发展了矛盾态度理论。

第五，在消费者出国旅游决策中，消费者对特定国家目的地的矛盾态度会引发情感耗损，进而降低消费者赴目标国旅游的意向。矛盾态度到底是增强还是减弱行为意向？学者们争论不休。一些学者认为，矛盾态度会引起消费者的系统性信息处理，这种信息处理方式提高了消费者的决策自信，从而增强行为意向；而另一些学者则认为，矛盾态度会引发消费者的心理不适等负面情绪，导致决策拖延甚至回避，从而减弱行为意向。本书从情感耗损视角来探讨这一问题，发现当要求矛盾的消费者必须做出决策时，消费者会处于情感耗损状态，这一方面使消费者没有多余的心智资源进行系统性信息处理；另一方面情感耗损状态本身也伴随着压力大、紧张和挫折等负面情绪——两方面都会减弱行为意向。这一研究结论表明，相比于主效应，矛盾态度对行为意向的影响的中间心理机制或许才是更重要的，从而在一定程度上解决了关于矛盾态度与行为意向之间关系的争论。因此，本书推进了矛盾态度的理论研究，同时将情感耗损这一心理构念引入消费者行为与旅游研究领域，也扩展了这一构念的应用范围。

第六，在消费者出国旅游决策中，矛盾的消费者的主要动机是减少由失调引发的心理不适，不同思维模式与调节聚焦的消费者的矛盾态度缓解策略不同，其最终的出国旅游决策也不同。辩证思维—促进聚焦的消费者更倾向为去目标国旅游寻找支持性理由，他们更倾向于去目标国旅游，但想过一段时间再去；形式逻辑思维—促进聚焦的消费者更倾向于使自己对目标国家目的地的积极情感更强烈，他们更倾向于按照原计划去目标国旅游；辩证思维—防御聚焦的个体更倾向于为不去目标国旅游寻找回避性理由，他们至少在两国关系的敏感时期不会去目标国旅游；形式逻辑思维—防御聚焦的消费者更倾向于使自己对目标国家目的地的消极情感更强烈，他们更倾向于不去目标国旅游。现有文献还没有探索消费者的内在心理特征如何影响其矛盾态度缓解策略，本书基于认知失调理论、调节聚焦理论、辩证与形式逻辑思维理论研究了这一问题，推进了矛盾态度理论的理论研究，也进一步扩展了上述理论在旅游研究领域的应用。此外，本书发现消费者矛盾态度会使消费者由于失调而产生心理不适，这与现有文献的结论一致；本书还进一步发现，正念是上述过程的调节因素，消费者的正念水平越高，越少体验到由消费者矛盾态度所引发的认知失调不适感。因此本书推进了消费者矛盾态度的理论研究，同时将正念这一心理构念引入矛盾态度与旅游研究领域，扩展了其研究范围。

第二节　管理决策建议

第一，建议旅游管理者同时重视发挥消费者善意的积极效应与抑制消费者敌意的消极效应。消费者善意与敌意共同影响消费者出国旅游决策；消费者对不同国家产生敌意与对该国作为旅游目的地产生善意的原因各不相同。因此建议旅游管理者在对目标消费者进行旅游营销之前，先调查清楚他们对本国作为旅游目的地产生善意与对本国产生敌意的原因，再有的放矢地投入优势资源提高消费者善意,同时降低消费者敌意。从长期来看,消费者善意对消费者出国旅游决策起主导作用,因此在资源有限的情况下,建议旅游管理者优先考虑提高消费者善意,然后再考虑如何降低消费者敌意。

第二,建议旅游管理者通过强调文化接近性的方式来减弱消费者敌意对旅游意向的消极影响。人际与家庭文化接近性能在一定程度上减弱消费者敌意对旅游意向的负面影响。因此建议旅游管理者在向目标国的消费者进行旅游营销时,突出本国与目标国在文化上的接近性。例如,中国旅游管理者在向日本消费者进行旅游营销时,可突出中日文化有共同的历史渊源,两国在饮食文化与文化艺术等方面有很多相似之处;又如,中国旅游管理者在向美国消费者进行旅游营销时,可强调中美文化都具有多元性,对外来文化十分包容。通过强调文化接近性,让目标国的消费者更倾向于把本国归入文化内群体,从而减弱消费者敌意对旅游意向的负面影响。

第三,建议旅游管理者通过塑造良好的国家目的地形象与降低感知风险的方式提升消费者善意对旅游意向的积极影响,同时降低消费者敌意对旅游意向的消极影响。消费者善意与敌意均通过感知风险的中介作用进一步影响旅游意向,但两者通过目的地形象对旅游意向施加的影响是非对称的。因此建议旅游管理者塑造独具特色的国家目的地形象,不仅要重视认知目的地形象的树立,还要重视情感目的地形象的打造。建议旅游管理者投入优势资源重点提升消费者善意来进一步改善目的地形象,而无需过分担心消费者敌意对目的地形象的消极影响。同时建议旅游管理者想方设法降低感知风险,与旅游相关的感知风险包括身体、心理、财务和健康风险等。在不同情境下,影响消费者旅游决策的感知风险不同,因此建议旅游管理者首先调查清楚当下目标国消费者对来本国旅游主要的感知风险到底是什么,再有针对性地投入资源以降低感知风险。

第四,建议旅游管理者避免目标消费者对本国形成较强烈的矛盾态度。当消费者对特定国家的敌意与对该国作为旅游目的地的善意均达到一定强烈程度且大致相当时,可能产生对该国家目的地的矛盾态度,这种矛盾态度对旅游意向有显著的负向总效应。因此建议旅游管理者尽量避免目标消费者对本国产生较强烈的矛盾态度。当对特定国家目的地同时持有较强烈的善意与敌意之后,低模糊容忍度的消费者以及正念水平较高的消费者较难形成对该国家目的地的矛盾态度。因此建议旅游管理者想办法降低目标消费者的模糊容忍度,提高其正念水平。通过适当地操控消费者心理，旅游管理者可降低目标消费者对本国形成矛盾态度的可能性。

第五，建议旅游管理者减弱消费者矛盾态度对消费者出国旅游决策的消极影响。消费者矛盾态度引发情感耗损，进而减弱旅游意向。因此建议旅游管理者想方设法减弱由矛盾态度引发的情感耗损。由于个体处于情感耗损状态时常常带有紧张、挫折和压力大等负面情绪，而正念能够缓和由矛盾态度引发的负面情绪，因此建议旅游管理者在目标消费者遭遇决策困难、举棋不定时，向他们推送能够唤起其正念的非正式小练习、短视频和图片等，以缓解其与情感耗损相伴随的负面情绪，进而提升旅游意向。当压力源造成个体过度使用其心理与情感资源之后，个体就会处于一种疲劳的情感耗损状态。因此建议旅游管理者为目标消费者营造较宽松的决策环境，给予他们更多的决策时间，减少其可能遭遇的决策压力，以减少情感耗损，进而提高旅游意向。

第六，在两国关系的敏感期，如果希望目标国的消费者尽快来本国旅游，减少本国旅游业的损失，建议旅游管理者同时启动他们的促进型调节聚焦与形式逻辑思维。当同时启动这两种心理特征之后，即使两国之间正在发生激烈的负面事件，42.37%的消费者仍坚持按原计划去目标国旅游。因此，建议旅游管理者制定有针对性的营销传播策略，启动国际消费者的促进型调节聚焦。例如，用传播素材唤起消费者儿童时代的梦想与渴望，以及现在的梦想与渴望；在传播素材中，使用关于成就、获利、追求、实现、兴旺、进步、胜利、雄心、赢得、成功、奋斗和繁荣的场景与词汇；推送关于希望、梦想和追求的名人名言、谚语和小故事等。同时，启动国际消费者的形式逻辑思维。例如，推送蕴含民间智慧的谚语"种瓜得瓜，种豆得豆""工欲善其事，必先利其器""有其父必有其子""上梁不正下梁歪""善有善报，恶有恶报"，给出这些谚语的启迪；提出两种截然相反的观点，要求只能支持其中的一种，并给出理由；推送能体现形式逻辑思维的小故事、小游戏和推论等。

第三节 未来研究展望

第一，建议未来的研究使用形成性测量模型作为消费者善意与敌意的测量模型开展实证研究。在进行实证研究之前，首先进行定性研究，探索消费者对特定国家产生善意与敌意的主要原因，然后据此构建具体的形成性测量模型，而不是使用通用的量表来测量消费者善意与敌意。

第二，本书使用问卷调查法，发现长期稳定性调节聚焦对消费者善意与敌意和旅游意向之间关系的调节作用不明显。建议未来的研究使用实验研究方法，设计情境材料启动消费者的短期情境性调节聚焦，再次验证短期情境调节聚焦对消费者善意与敌意和旅游意向之间关系的调节作用。

第三，当前关于消费者善意与敌意对行为意向的影响的调节机制的研究较少，除了调节聚焦与文化接近性之外，建议未来的研究继续探索其他构念对消费者善意与敌意和行为意向之间关系的调节作用。

第四，当前关于同时存在的积极与消极态度如何形成矛盾态度的研究较少，除了模糊容忍度与正念之外，建议未来的研究继续探索消费者对特定国家目的地形成矛盾态度的调节因素。

第五，本书分析了情感耗损对消费者矛盾态度与旅游意向之间关系所起的中介作用，建议未来的研究继续探索其他变量的中介效应。同时，也建议未来的研究进一步在消费者出国旅游决策中，探究消费者矛盾态度的其他结果变量，如目的地评价、选择推迟和实际旅游行为等。

第六，当前关于矛盾的消费者如何在消费决策中缓解其矛盾态度的研究较少，除了思维模式与调节聚焦之外，建议未来的研究继续探索其他外在信息、内在心理特征构念对消费者矛盾态度缓解策略及最终消费决策的影响。

参考文献

[1] AFSHARDOOST M, ESHAGHI M S. Destination image and tourist behavioural intentions: A meta-analysis [J]. Toursim Management, 2020 (81): 1-10.

[2] AGAPITO D, OOM DO VALLE P, DA COSTA MENDES J. The cognitive-affective-conative model of destination image: A confirmatory analysis [J]. Journal of Travel & Tourism Marketing, 2013, 30 (5): 471-481.

[3] AKHTAR N, SIDDIQI U I, AKHTAR M N, et al. Modeling attitude ambivalence and behavioral outcomes from hotel reviews [J]. International Journal of Contemporary Hospitality Management, 2020a, 32 (9): 2831-2855.

[4] AKHTAR N, SUN J, AKHTAR M N, et al. How attitude ambivalence from conflicting online hotel reviews affects consumers' behavioural responses: The moderating role of dialecticism [J]. Journal of Hospitality and Tourism Management, 2019, 41 (12): 28-40.

[5] AKHTAR N, SUN J, CHEN J, et al. The role of attitude ambivalence in conflicting online hotel reviews [J]. Journal of Hospitality Marketing & Management, 2020b, 29 (4): 471-502.

[6] ALVAREZ M D, CAMPO S. Consumer animosity and its influence on visiting decisions of US citizens [J]. Current Issues in Tourism, 2020, 23 (9): 1166-1180.

[7] ASSERAF Y, SHOHAM A. Destination branding: The role of consumer affinity [J]. Journal of Destination Marketing & Management, 2017, 6 (4): 375-384.

[8] AYDIN H, ÜNAL S. Consumers' emotional bonds with foreign brands: Animosity, affinity, and ethnocentrism [J]. Bogazici Journal: Review of Social, Economic & Administrative Studies, 2020, 34 (1): 83-100.

[9] BALOGLU S, BRINBERG D. Affective images of tourism destinations [J]. Journal of Travel Research, 1997, 35 (4): 11-15.

[10] BALOGLU S, MCCLEARY K W. A model of destination image formation [J]. Annals of Tourism Research, 1999, 26 (4): 868 – 897.

[11] BALTAR F, BRUNET I. Social Research 2.0: Virtual snowball sampling method using facebook [J]. Internet Research, 2012, 22 (1): 57 – 74.

[12] BERNARD Y, ZARROUK – KAROUI S. Reinforcing willingness to buy and to pay due to consumer affinity towards a foreign country [J]. International Management Review, 2014, 10 (2): 57 – 67.

[13] BROWN K W, CRESWELL J D, RYAN R M. Handbook of mindfulness: Theory, research, and practice [M]. New York: Guilford Publications, 2015.

[14] BROWN K W, RYAN R M. The benefits of being present: Mindfulness and its role in psychological well – being [J]. Journal of Personality and Social Psychology, 2003, 84 (4): 822 – 848.

[15] CAKICI N M, SHUKLA P. Country – of – origin misclassification awareness and consumers' behavioral intentions: Moderating roles of consumer affinity, animosity, and product knowledge [J]. International Marketing Review, 2017, 34 (3): 354 – 376.

[16] CAMPO S, ALVAREZ M D. Animosity toward a country in the context of destinations as tourism products [J]. Journal of Hospitality & Tourism Research, 2019, 43 (7): 1002 – 1024.

[17] CARDACIOTTO L A, HERBERT J D, FORMAN E M, et al. The assessment of present – moment awareness and acceptance: The philadelphia mindfulness scale [J]. Assessment, 2008, 15 (2): 204 – 23.

[18] CHAIKEN S. Heuristic versus systematic information processing and the use of source versus message cues in persuasion [J]. Journal of Personality and Social Psychology, 1980, 39 (5): 752 – 766.

[19] CHEW E Y T, JAHARI S A. Destination image as a mediator between perceived risks and revisit intention: A case of post – disaster japan [J]. Tourism Management, 2014, 40 (2): 382 – 393.

[20] CRANE C, BARNHOFER T, DUGGAN D S, et al. Mindfulness – based cognitive therapy and self – discrepancy in recovered depressed patients with a history of depression and suicidality [J]. Cognitive Therapy and Research, 2008, 32 (6): 775 – 787.

[21] CROPANZANO R, RUPP D E, BYRNE Z S. The relationship of emotional exhaustion to work attitudes, job performance, and organizational citizenship behaviors [J]. Journal of

Applied Psychology, 2003, 88 (1): 160 – 169.

[22] DEMARREE K G, WHEELER S C, BRIÑOL P, et al. Wanting other attitudes: Actual – desired attitude discrepancies predict feelings of ambivalence and ambivalence consequences [J]. Journal of Experimental Social Psychology, 2014 (53): 5 – 18.

[23] DEVLINK, SILVER L, HUANG C U S. Views of China increasingly negative amid coronavirus outbreak [R]. Washington: Pew Research Center, 2020.

[24] ELLIOT A J, DEVINE P G. On the motivational nature of cognitive dissonance: Dissonance as psychological discomfort [J]. Journal of Personality and Social Psychology, 1994, 67 (3): 382.

[25] ESTÉVEZ C M, ODDI M P. Conceptualization of tourism affinity: A study on Danish tourists and Spain as a travel destination [D]. Copenhagen Business School Master's Thesis, 2020.

[26] ETTENSON R, KLEIN J G. The fallout from French nuclear testing in the South Pacific: A longitudinal study of consumer boycotts [J]. International Marketing Review, 2005, 22 (2): 199 – 224.

[27] FESTINGER L. A Theory of cognitive dissonance [M]. California: Stanford University Press, 1957.

[28] FREWEN P A, EVANS E M, MARAJ N, et al. Letting go: Mindfulness and negative automatic thinking [J]. Cognitive Therapy and Research, 2008, 32 (6): 758 – 774.

[29] GILLIAM W, BURNS J W, QUARTANA P, et al. Interactive effects of catastrophizing and suppression on responses to acute pain: A test of an appraisal × emotion regulation model [J]. Journal of Behavioral Medicine, 2010, 33 (3): 191 – 199.

[30] GREENSPAN P. A case of mixed feelings: Ambivalence and the logic of emotion [M] // RORTY A O. Explaining Emotions. University of California Press, 1980: 223 – 250.

[31] HADDOCK G, FOAD C, WINDSOR – SHELLARD B, et al. On the attitudinal consequences of being mindful: Links between mindfulness and attitudinal ambivalence [J]. Personality & Social Psychology Bulletin, 2017, 43 (4): 439 – 452.

[32] HAIR JR. J F, HULT G T M, RINGLE C, et al. A primer on partial least squares structural equation modeling (PLS – SEM) [M]. Los Angeles: Sage Publications, 2014.

[33] HÄNZE M. Ambivalence, conflict, and decision making: Attitudes and feelings in Germany towards NATO's military intervention in the Kosovo war [J]. European Journal of Social Psychology, 2001, 31 (6): 693 – 706.

[34] HARMELING C M, MAGNUSSON P, SINGH N. Beyond anger: A deeper look at consumer

animosity [J]. Journal of International Business Studies, 2015, 46 (6): 1 – 18.

[35] HEIDER F. Attitudes and cognitive organization [J]. The Journal of Psychology, 1946, 21 (1): 107 – 112.

[36] HERMAN J L, STEVENS M J, BIRD A, et al. The tolerance for ambiguity scale: Towards a more refined measure for international management research [J]. International Journal of Intercultural Relations, 2010, 34 (1): 58 – 65.

[37] HIGGINS E T, FRIEDMAN R S, HARLOW R E, et al. Achievement orientations from subjective histories of success: Promotion pride versus prevention pride [J]. European Journal of Social Psychology, 2001, 31 (1): 3 – 23.

[38] HIGGINS E T. Beyond pleasure and pain [J]. American Psychologist, 1997, 52 (12): 1280 – 1300.

[39] HINKIN T R. A review of scale development practices in the study of organizations [J]. Journal of Management, 1995, 21 (5): 967 – 988.

[40] HUNT J D. Image: A factor in tourism: Cited in N. Telisman – Kosuta (1989) tourism destination image [M]. Tourism Marketing and Management Handbook, 1971: 557 – 561.

[41] HWANG Y H, CHOI S, MATTILA A S. The role of dialecticism and reviewer expertise in consumer responses to mixed reviews [J]. International Journal of Hospitality Management, 2018 (69): 49 – 55.

[42] IM J, QU H. Drivers and resources of customer co – creation: A scenario – based case in the restaurant industry [J]. International Journal of Hospitality Management, 2017, 64 (7): 31 – 40.

[43] JIMÉNEZ N H, MARTÍN S S. The role of country – of – origin, ethnocentrism and animosity in promoting consumer trust: The moderating role of familiarity [J]. International Business Review, 2010, 19 (1): 34 – 45.

[44] JIN C H, VILLEGAS J. Consumer responses to advertising on the internet: The effect of individual difference on ambivalence and avoidance [J]. CyberPsychology & Behavior, 2006, 10 (2): 258 – 266.

[45] JONAS K, DIEHL M, BRÖMER P. Effects of attitudinal ambivalence on information processing and attitude – intention consistency [J]. Journal of Experimental Social Psychology, 1997, 33 (2): 190 – 210.

[46] JOSIASSEN A, KOCK F, NORFELT A. Tourism affinity and its effects on tourist and resident behavior [J]. Journal of Travel Research, 2020, Forthcoming Paper.

[47] JUNG K, ANG S H, LEONG S M, et al. A typology of animosity and its cross – national validation [J]. Journal of Cross – Cultural Psychology, 2002, 33 (6): 525 – 539.

[48] KAPLAN K J. On the ambivalence – indifference problem in attitude theory and measurement: A suggested modification of the semantic differential technique [J]. Psychological Bulletin, 1972, 77 (5): 361 – 372.

[49] KING C, CHEN N, FUNK D C. Exploring destination image decay: A study of sport tourists' destination image change after event participation [J]. Journal of Hospitality & Tourism Research, 2015, 39 (1): 3 – 31.

[50] KLEIN J G, ETTENSON R, MORRIS M D. The animosity model of foreign product purchase: An empirical test in the People's Republic of China [J]. Journal of Marketing, 1998, 62 (1): 89 – 100.

[51] KLEIN J G. Us versus them, or us versus everyone? Delineating consumer aversion to foreign goods [J]. Journal of International Business Studies, 2002, 33 (2): 345 – 363.

[52] KOCK F, JOSIASSEN A, ASSAF A G. Toward a universal account of country – induced predispositions: Integrative framework and measurement of country – of – origin images and country emotions [J]. Journal of International Marketing, 2019, 27 (3): 43 – 59.

[53] LEE R, LEE K T. The longitudinal effects of a two – dimensional consumer animosity [J]. Journal of Consumer Marketing, 2013, 30 (3): 273 – 282.

[54] LI Y, LI B, WANG G, et al. The effects of consumer animosity on demand for sharing – based accommodations: Evidence from Airbnb [J]. Decision Support Systems, 2021, Forthcoming Paper.

[55] LIU A Y, LI X, FANG S. What do Chinese people think of developed countries? [EB/OL]. (2020 – 12 – 18). https: //thediplomat.com/2020/12/what – do – chinese – people – think – of – developed – countries.

[56] LU J Y, KAM H, WANG L, et al. Do perceptions of time affect outbound – travel motivations and intention? An investigation among Chinese seniors [J]. Tourism Management, 2016 (53): 1 – 12.

[57] MA J, WANG S, HAO W. Does cultural similarity matter? Extending the animosity model from a new perspective [J]. Journal of Consumer Marketing, 2012, 29 (5): 319 – 332.

[58] MALHOTRA N K. 市场营销研究: 应用导向 [M]. 5 版. 涂平, 译. 北京: 电子工业出版社, 2009.

[59] MANSFELD Y. Tourism, security & safety: From theory to practice [M]. Lodon; New

York: Routledge, 2005.

[60] MASLACH C, JACKSON S E. The measurement of experienced burnout [J]. Journal of Organizational Behavior, 1981, 2 (2): 99 – 113.

[61] MICHAEL N, JAMES R, MICHAEL I. Australia's cognitive, affective and conative destination image: An emirati tourist perspective [J]. Journal of Islamic Marketing, 2018, 9 (1): 36 – 59.

[62] MOODY G D, GALLETTA D F, LOWRY P B. When trust and distrust collide online: The engenderment and role of consumer ambivalence in online consumer behavior [J]. Electronic Commerce Research and Applications, 2014, 13 (4): 266 – 282.

[63] MOODY G D, LOWRY P B, GALLETTA D F. It's complicated: Explaining the relationship between trust, distrust, and ambivalence in online transaction relationships using polynomial regression analysis and response surface analysis [J]. European Journal of Information Systems, 2017, 26 (4): 379 – 413.

[64] MOUFAKKIR O. What's immigration got to do with it? Immigrant animosity and its effects on tourism [J]. Annals of Tourism Research, 2014, 49 (11): 108 – 121.

[65] MURPHY P, PRITCHARD M P, SMITH B. The destination product and its impact on traveller perceptions [J]. Tourism Management, 2000, 21 (1): 43 – 52.

[66] MYERS D. 社会心理学 [M]. 11 版. 侯玉波, 乐国安, 张智勇, 等译. 北京: 人民邮电出版社, 2014.

[67] NES E B, YELKUR R, SILKOSET R. Consumer affinity for foreign countries: Construct development, buying behavior consequences and animosity contrasts [J]. International Business Review, 2014, 23 (4): 774 – 784.

[68] NES E B, YELKUR R, SILKOSET R. Exploring the animosity domain and the role of affect in a cross – national context [J]. International Business Review, 2012, 21 (5): 751 – 765.

[69] OBERECKER E M, DIAMANTOPOULOS A. Consumers' emotional bonds with foreign countries: Does consumer affinity affect behavioral intentions? [J]. Journal of International Marketing, 2011, 19 (2): 45 – 72.

[70] OBERECKER E M, RIEFLER P, DIAMANTOPOULOS A. The consumer affinity construct: Conceptualization, qualitative investigation, and research agenda [J]. Journal of International Marketing, 2008, 16 (3): 23 – 56.

[71] OTNES C C, LOWREY T M, SHRUM L J. Toward an understanding of consumer ambivalence [J]. Journal of Consumer Research, 1997, 24 (1): 80 – 93.

[72] PANG J, KEH H T, LI X, et al. "Every coin has two sides": The effects of dialectical thinking and attitudinal ambivalence on psychological discomfort and consumer choice [J]. Journal of Consumer Psychology, 2017, 27 (2): 218 – 230.

[73] PENG K, NISBETT R E. Culture, dialectics, and reasoning about contradiction [J]. American Psychologist, 1999, 54 (9): 741 – 754.

[74] PHAM M T, AVNET T. Ideals and oughts and the reliance on affect versus substance in persuasion [J]. Journal of Consumer Research, 2004, 30 (4): 503 – 518.

[75] PIKE S. Destination brand positioning slogans: Towards the development of a set of accountability criteria [J]. Acta Turistica, 2004, 16 (2): 102 – 124.

[76] PRIESTER J R, PETTY R E. The gradual threshold model of ambivalence: Relating the positive and negative bases of attitudes to subjective ambivalence [J]. Journal of Personality and Social Psychology, 1996, 71 (3): 431.

[77] REICHEL A, FUCHS G, URIELY N. Perceived risk and the non – institutionalized tourist role: The case of Israeli student ex – backpackers [J]. Journal of Travel Research, 2007, 46 (2): 217 – 226.

[78] RIEFLER P, DIAMANTOPOULOS A. Consumer animosity: A literature review and a reconsideration of its measurement [J]. International Marketing Review, 2007, 24 (1): 87 – 119.

[79] RUSSELL C A, RUSSELL D W, KLEIN J. Ambivalence toward a country and consumers' willingness to buy emblematic brands: The differential predictive validity of objective and subjective ambivalence measures on behavior [J]. Marketing Letters, 2011, 22 (4): 357 – 371.

[80] RUSSELL J A. A circumplex model of affect [J]. Journal of Personality and Social Psychology, 1980, 39 (6): 1161 – 1178.

[81] SÁNCHEZ M, CAMPO S, ALVAREZ M D. The effect of animosity on the intention to visit tourist destinations [J]. Journal of Destination Marketing & Management, 2018, 7 (3): 182 – 189.

[82] SARSTEDT M, HAIR JR J F, CHEAH J H, et al. How to specify, estimate, and validate higher – order constructs in PLS – SEM [J]. Australasian Marketing Journal (AMJ), 2019, 27 (3): 197 – 211.

[83] SCOTT W A. Brief report: Measures of cognitive structure [J]. Multivariate Behavioral Research, 1966, 1 (3): 391 – 395.

[84] SIDDIQI U I, AKHTAR N. Effects of conflicting hotel reviews shared by novice and expert traveler on attitude ambivalence: The moderating role of quality of managers' responses [J]. Journal of Hospitality Marketing & Management, 2021, 30 (2): 178–200.

[85] SIDDIQI U I, SUN J, AKHTAR N. The role of conflicting online reviews in consumers' attitude ambivalence [J]. The Service Industries Journal, 2020, 40 (13–14): 1003–1030.

[86] SILVER L, DEVLIN K, HUANG C. China's economic growth mostly welcomed in emerging markets, but neighbors worry of its influence [R]. Washington: Pew Research Center, 2019.

[87] SIPILÄ J, HEROLD K, TARKIAINEN A, et al. The influence of word-of-mouth on attitudinal ambivalence during the higher education decision-making process [J]. Journal of Business Research, 2017 (80): 176–187.

[88] SOLOMON. Consumer behavior: Buying, having, and being [M]. Twelfth Edition. Boston: Pearson Education Limited, 2018.

[89] SÖNMEZ S F, GRAEFE A R. Influence of terrorism risk on foreign tourism decisions [J]. Annals of Tourism Research, 1998, 25 (1): 112–144.

[90] SPENCER-RODGERS J, PENG K, WANG L. Dialecticism and the co-occurrence of positive and negative emotions across cultures [J]. Journal of Cross-Cultural Psychology, 2010, 41 (1): 109–115.

[91] STEPCHENKOVA S, DAI X, KIRILENKO A P, et al. The influence of animosity, ethnocentric tendencies, and national attachment on tourists' decision-making processes during international conflicts [J]. Journal of Travel Research, 2020, 59 (8): 1370–1385.

[92] STEPCHENKOVA S, MORRISON A M. The destination image of Russia: From the online induced perspective [J]. Tourism Management, 2006, 27 (5): 943–956.

[93] STEPCHENKOVA S, SHICHKOVA E, KIM M, et al. Do strained bilateral relations affect tourists' desire to visit a country that is a target of animosity? [J]. Journal of Travel & Tourism Marketing, 2018, 35 (5): 553–566.

[94] STOKES B. Hostile neighbors: China vs. Japan [R]. Washington: Pew Research Center, 2016.

[95] STONE P, SHARPLEY R. Consuming dark tourism: A thanatological perspective [J]. Annals of Tourism Research, 2008, 35 (2): 574–595.

[96] STORDEUR S, D'HOORE W, VANDENBERGHE C. Leadership, organizational stress,

and emotional exhaustion among hospital nursing staff [J]. Journal of Advanced Nursing, 2001, 35 (4): 533 – 542.

[97] SU H J, HUANG Y A, BRODOWSKY G, et al. The impact of product placement on TV – induced tourism: Korean TV dramas and Taiwanese viewers [J]. Tourism Management, 2011, 32 (4): 805 – 814.

[98] THOMPSON M M, ZANNA M P, GRIFFIN D W. Let's not be indifferent about (attitudinal) ambivalence [M] // Petty R E, Krosnic J A. Attitude strength: Antecedents and consequences. New Jersey: Lawrence Erlbaum Associates, 1995: 361 – 386.

[99] TIEN M B. Attitudes and behavior of Vietnamese toward to consumer affinity in term of travel abroad [J]. Business and Economic Research, 2018, 8 (2): 204 – 213.

[100] TURNER J C, HOGG M A, OAKES P J, et al. Rediscovering the social group: A self – categorization theory [J]. British Journal of Social Psychology, 1987, 26 (4): 347 – 348.

[101] VAN HARREVELD F, NOHLEN H U, SCHNEIDER I K. The abc of ambivalence: Affective, behavioral, and cognitive consequences of attitudinal conflict [J]. Advances in Experimental Social Psychology, 2015 (52): 285 – 324.

[102] WANG H, BATRA R, CHEN Z. The moderating role of dialecticism in consumer responses to product information [J]. Journal of Consumer Psychology, 2016, 26 (3): 381 – 394.

[103] WANG, H. – Y. Determinants hindering the intention of tourists to visit disaster – hit destinations [J]. Current Issues in Tourism, 2017, 20 (5): 459 – 479.

[104] WENG J, DEMARREE K G. An examination of whether mindfulness can predict the relationship between objective and subjective attitudinal ambivalence [J]. Frontiers in Psychology, 2019, 10 (4): 1 – 16.

[105] WONGTADA N, RICE G, BANDYOPADHYAY S K. Developing and validating affinity: A new scale to measure consumer affinity towards foreign countries [J]. Journal of International Consumer Marketing, 2012, 24 (3): 147 – 167.

[106] WRIGHT T A, CROPANZANO R. Emotional exhaustion as a predictor of job performance and voluntary turnover [J]. Journal of Applied Psychology, 1998, 83 (3): 486 – 493.

[107] XU H, TRACEY T J G. The role of ambiguity tolerance in career decision making [J]. Journal of Vocational Behavior, 2014, 85 (1): 18 – 26.

[108] ZEMBORAIN M R, JOHAR G V. Attitudinal ambivalence and openness to persuasion: A framework for interpersonal influence [J]. Journal of Consumer Research, 2007, 33

(4): 506-514.

[109] ZENASNI F, BESANCON M, LUBART T. Creativity and tolerance of ambiguity: An empirical study [J]. Journal of Creative Behavior, 2008, 42 (1): 61-73.

[110] 陈友义. 民族文化差异与近代中印两国不同的历史结局 [J]. 学术研究, 2003 (4): 96.

[111] 单春玲, 赵含宇. 网络口碑对消费者态度的影响路径研究: 基于矛盾态度视角 [J]. 软科学, 2017, 31 (4): 108-111.

[112] 冯小亮, 黄敏学, 张音. 矛盾消费者的态度更容易受外界影响吗: 不同态度成分的变化差异性研究 [J]. 南开管理评论, 2013, 16 (1): 92-101.

[113] 高海霞, 张敏. 消费者矛盾态度研究综述与展望 [J]. 外国经济与管理, 2016, 38 (2): 62-74.

[114] 郭功星, 周星, 涂红伟. 消费者敌意、自我效能与旅游意愿: 基于对青少年出境旅游市场的实证研究 [J]. 旅游学刊, 2016, 43 (2): 44-52.

[115] 郭功星, 周星, 涂红伟. 消费者敌意研究脉络梳理及未来展望 [J]. 外国经济与管理, 2014, 36 (6): 51-59.

[116] 郭功星, 周星. 消费者善意研究综述及展望 [J]. 外国经济与管理, 2016, 38 (1): 76-86.

[117] 黄敏学, 冯小亮, 谢亭亭. 消费者态度的新认知: 二元化的矛盾态度 [J]. 心理科学进展, 2010, 18 (6): 987-996.

[118] 黄敏学, 廖俊云, 周南. 社区体验能提升消费者的品牌忠诚吗: 不同体验成分的作用与影响机制研究 [J]. 南开管理评论, 2015, 18 (3): 151-160.

[119] 黄敏学, 谢亭亭, 冯小亮. 矛盾的消费者是如何解读多元化口碑信息的? [J]. 心理学报, 2010, 42 (10): 998-1010.

[120] 姜雨峰, 田虹. 利益相关者需求有助于企业开展社会责任战略吗?: 一项三维交互研究 [J]. 财经论丛, 2015 (4): 81-88.

[121] 李锡元, 崔景怡, 薛莹. 加班的自我决定程度、时间和报酬对情绪耗竭的影响 [J]. 心理科学, 2020 (3): 187-194.

[122] 梁建, 谢家琳. 实证研究中的问卷调查法 [M] //陈晓萍, 沈伟. 组织与管理研究的实证方法.3版. 北京: 北京大学出版社, 2018.

[123] 刘力, 陈浩, 韦瑛. 文化接近性对潜在游客目的地态度和旅游意向的影响研究: 基于自我一致性理论视角 [J]. 资源科学, 2014, 36 (5): 1062-1072.

[124] 刘祥艳. 中国入境旅游发展报告2019 [R]. 北京: 中国旅游研究院, 2019.

[125] 刘祥艳. 中国入境旅游发展报告 2020：疫情影响背景下旅游目的地形象的重塑 [R]. 北京：中国旅游研究院，2020.

[126] 马克·威廉姆斯，丹尼·彭曼. 正念禅修：在喧嚣的世界中获取安宁 [M]. 刘海青，译. 北京：九州出版社，2013.

[127] 毛泽东. 矛盾论 [M] // 中共中央文献编辑委员会. 毛泽东选集：第一卷. 2版. 北京：人民出版社，1991：299-340.

[128] 潘晓波，黄卫来. 消费者矛盾性对正面在线口碑信息处理的影响 [J]. 管理学报，2015，12（3）：446-457.

[129] 潘晓波. 在线消费者初步态度矛盾性与口碑信息处理研究 [M]. 武汉：武汉大学出版社，2015.

[130] 王大海，姚唐，姚飞. 买还是不买：矛盾态度视角下的生态产品购买意向研究 [J]. 南开管理评论，2015，18（2）：136-146.

[131] 王红丽，张筌钧. 被信任的代价：员工感知上级信任、角色负荷、工作压力与情绪耗竭的影响关系研究 [J]. 管理世界，2016（8）：110-125.

[132] 王永彬. 围炉夜话 [M]. 申楠，译. 北京：北京联合出版公司，2015.

[133] 肖群忠. 孝与中国文化 [M]. 北京：人民出版社，2001.

[134] 萧文龙. 统计分析入门与应用：SPSS 中文版+PLS-SEM（SmartPLS）[M]. 台北：宏碁咨讯股份有限公司，2013.

[135] 徐展菲，席居哲. 矛盾态度的成因与应对 [J]. 心理科学进展，2018，26（2）：331-343.

[136] 许晖，许守任，王睿智. 消费者旅游感知风险维度识别及差异分析 [J]. 旅游学刊，2013，28（12）：71-80.

[137] 许雷平，杭虹利，王方华. 长期倾向调节聚焦量表述评 [J]. 心理科学，2012，35（1）：213-219.

[138] 许全兴.《实践论》和《矛盾论》对马克思主义哲学中国化的启示 [J]. 中国社会科学，2013（12）：22-35，204-205.

[139] 杨劲松. 中国出境旅游发展年度报告 2020 [R]. 北京：中国旅游研究院，2020.

[140] 杨林，陈传明. 国外企业战略管理理论演变：矛盾论的视角 [J]. 经济管理，2005（1）：14-18.

[141] 杨一翁，孙国辉，陶晓波. 国家目的地形象和出境旅游意向 [J]. 经济管理，2017，39（4）：143-158.

[142] 杨一翁，孙国辉，童泽林. 消费者敌意、善意和矛盾态度对消费者出国旅游意向的

影响机制：文化接近性的调节作用［J］. 中央财经大学学报, 2018（6）: 94-105.

［143］杨一翁. 国家目的地品牌研究［M］. 北京：知识产权出版社, 2018.

［144］张静儒, 陈映臻, 曾祺, 等. 国家视角下的目的地形象模型：基于来华国际游客的实证研究［J］. 旅游学刊, 2015, 30（3）: 13-22.

［145］张黎, 郑毓煌, 吴川. 消费者的调节聚焦对品牌延伸评价的影响［J］. 营销科学学报, 2011, 7（1）: 15-34.

［146］张岩, 徐飞, 奚恺元. 实验研究方法［M］//陈晓萍, 沈伟. 组织与管理研究的实证方法. 3版. 北京：北京大学出版社, 2018.

［147］周厚强, 李立华, 何长娟. 宗教旅游者出游的精神动机和游客分类研究：以西藏神湖拉姆拉措为例［J］. 干旱区资源与环境, 2017, 31（1）: 198-202.

［148］朱丽叶. 调节聚焦理论及其在营销研究中的应用［J］. 经济经纬, 2009（5）: 120-123.

［149］朱晓妹, 连曦, 郝龙飞, 等. 辱虐管理对员工反生产工作行为的影响：情绪耗竭的中介作用［J］. 华东经济管理, 2015（6）: 128-133.

后 记

本书的出版意味着我主持的国家自然科学基金项目"爱恨交织，你愿意去旅游吗？——消费者敌意、善意和矛盾情感对消费者出国旅游决策的影响机制研究"（项目编号：71802005）的大体完成。

在我过往的研究中，我观察到消费者敌意这个心理构念对消费者购买决策有重要影响。我喜欢研究中国文化，在中国文化中，"阴阳平衡"是一种重要思想。因此我思考，既然有消费者敌意（阴），为什么不能有消费者善意（阳）呢？后来我查找文献，欣喜地发现真的有少量关于消费者善意的文献，不禁生出与一些学者"心有灵犀一点通"之感。随后，在与同事的交流过程中，我进一步思考，当积极与消极态度并存时，会不会产生矛盾态度呢？——研究就是这么一步步深入的。在查找文献时，我发现大多数消费者善意、敌意和矛盾态度的文献都是在消费者购买决策下开展研究。而在现实生活中，旅游消费者在选择国家目的地时也常常持有"爱恨交织"的矛盾态度，典型的是中国消费者选择是否赴日旅游。相比于一般的购买决策，出国旅游决策对消费者更为重要，消费者的感知风险更高，消费者矛盾态度的形成机理与对消费者出国旅游决策的影响机制可能不一样。然而还没有文献在消费者矛盾态度与消费者出国旅游决策之间建立联系，这也成为本书最大的贡献，即将消费者矛盾态度这一心理构念引入消费者出国旅游决策研究领域，比过往仅仅关注单一态度的研究更进了一步。

本书的主要理论基础除了西方学者提出的矛盾态度理论以外，还有毛泽东的矛盾论。由于研究的需要，我多次精读了收录在《毛泽东选集》（第一卷）中的《矛盾论》，时常感慨毛主席的见解真是入木三分。《矛盾论》给我最大的启示是，在研究消费者善意、敌意和矛盾态度对消费者出国旅游决策的影响时，应该分别从长期的一般情形与短期的特定情形来考虑。从长期一般情形来看，消费者善意与敌意必有一方是矛盾的主要方面，对消费者出国旅游决策起主导作用；而从短期来看，在某些特定情形下，消费者善意与敌意有可能同时很强烈且旗鼓相当，此时消费者有可能产生矛盾态度。基于这一个主体思路，本书进行了如第三章至第七章的5项研究。非常感谢毛主席对我思维的启迪！

本书的主要研究结论为：第一，在长期一般情形下，消费者善意与敌意共同影响消费者出国旅游决策，其中消费者善意占主导地位。同时，本书还研究了消费者善意与敌意对旅游意向的影响的中介机制与调节机制，从而进一步揭示了消费者善意与敌意对旅游意向的影响机制。第二，在短期某些特定情形下，消费者能够形成对特定国家目的地的矛盾态度，消费者矛盾态度阻碍消费者赴目标国旅游决策。同时，本书还研究了消费者矛盾态度形成的调节因素，以及消费者矛盾态度对旅游意向的影响的中介机制，从而进一步发展了矛盾态度理论。第三，不同心理特征的矛盾的消费者在其出国旅游决策中有不同的矛盾态度缓解策略，其最终决策结果也不同。本书发展了矛盾态度理论；将众多与消费者心理相关的理论与构念引入出国旅游研究领域，也扩展了这些理论与构念的应用范围，这一贡献也契合了本书的书名：《爱恨交织：出国旅游决策心理》；同时本书还丰富了消费者善意、敌意和矛盾态度的理论研究。本书的研究结论可供旅游管理者进一步吸引外国消费者来本国旅游参考借鉴。

在本书的完成过程中，我得到了很多帮助，在这里致以最诚挚的感谢！

感谢国家自然科学基金项目"爱恨交织，你愿意去旅游吗？——消费者敌意、善意和矛盾情感对消费者出国旅游决策的影响机制研究"（项目编号：71802005）、北京市社科基金青年项目"数字时代下北京城市品牌形象定位及传播研究"（项目编号：17GLC068）、北方工业大学毓优人才培养计划项目"面向冬奥会的北京城市品牌建设研究"（项目编号：20XN189/015）、北方工业大学青年拔尖人才培育计划"基于互联网的品牌创新研究"（项目编号：19XN135/014）、北京城市治理研究中心资助项目"新冠肺炎疫情与北京城市品牌管理研究"（项目编号：20XN245）、北方工业大学经管学院研究生培养-学科建设（项目编号：203051320006）的资助。没有这些项目的资助，本书难以完成。

感谢我的博士生导师，中央财经大学商学院孙国辉教授！感谢首都经济贸易大学王永贵教授！在国家自然科学基金的申请过程中，他们给了我很多宝贵的建议，使我茅塞顿开。

感谢知识产权出版社的江宜玲编辑！我们合作多年，她一如既往地认真、负责和可靠，本书的出版离不开她的辛勤工作。

感谢我的硕士生丁梦悦！她进行了很多文献收集与文字修订工作。

感谢"永远的212"中的各位学术"大咖"：陶晓波、纪雪洪、童泽林、许研、吴丹、涂剑波和罗文豪。希望我们一直能够相互鼓励，共同进步！

最后，感谢我的家人！2021年是我们家庭非常重要的一年，感谢你们多年来对我的宽容、理解和支持！诚如我父亲所言，"家和富贵"。

杨一翁

2021年3月29日于京西门头沟

2021年4月13日修订于北方工业大学励学楼